# A⁺思维训练营

—— 6 级 ——

[英]卡尔顿编辑部 编  罗密 译

世界图书出版公司
上海·西安·北京·广州

图书在版编目(CIP)数据

A⁺思维训练营.6级/英国卡尔顿编辑部编；罗密译.—上海：上海世界图书出版公司，2010.5
ISBN 978-7-5100-1941-8

Ⅰ.①A… Ⅱ.①英…②罗… Ⅲ.①思维方法—训练 Ⅳ.①G804

中国版本图书馆CIP数据核字(2010)第053184号

Copyright © 2008 Carlton Books Limited under the title BRAIN TRAINING PUZZLES.
Simplified Chinese edition published by arrangement with Shuyi Publishing.

## A⁺思维训练营：6级

[英]卡尔顿编辑部 编 罗密 译

上海世界图书出版公司 出版发行
上海市广中路88号
邮政编码 200083
昆山市亭林印刷有限责任公司印刷
如发现印刷质量问题，请与印刷厂联系
（质检科电话：0512-5775-1097）
各地新华书店经销

开本：787×1092 1/32 印张：5.5 字数：60 000
2010年5月第1版 2010年5月第1次印刷
印数：1-8000
ISBN 978-7-5100-1941-8/G·141
图字：09-2010-095号
定价：19.00元
http://www.wpcsh.com.cn
http://www.wpcsh.com

# 目 录
## Contents

序言 ………………………… 4

谜题 ………………………… 6

答案 ………………………… 157

# 序 言

欢迎进入A⁺思维训练营。

你会打开这本书,可能是因为你不想再浪费更多的脑细胞,或者因为你觉得自己的脑子有老化的趋势,更可能是因为你的记忆力已经大不如从前了。当然,你选择本书也可能仅仅是因为喜欢益智游戏。无论你基于何种理由选择了本书,好消息就是——只要你能解答出很多题目,那你的大脑一定可以得到锻炼。大脑同身体一样,需要坚持不懈地锻炼,才能保持健康。

但是,请切记——关注大脑不像维护汽车电瓶,只需加满水就足够了,对大脑你不仅仅需要锻炼,还要保持充足的睡眠,不要给自己过多的压力,还要注意饮食。也许这些建议出现在一本益智类图书上有些奇怪,但是如果你真的关心你的大脑,你就会关注所有与此有关的事情——当然,不要忘了从中享受快乐!

让我们回过头来看本书中的益智游戏。书中涉及了许多不同的游戏类型，你可以随意地挑选来做。最好的方法就是每天做上几道题，持之以恒。如果你在对付某道题时被卡住了的话，没关系，跳过它做另外一题；也许等你回头再来做时，你会发现那道让你头痛了几个小时的题原来并不难。

不要放弃，玩得开心，最重要的是尽情享受！

# 配对

下列图形中只有两个完全一样。你能找出来吗?

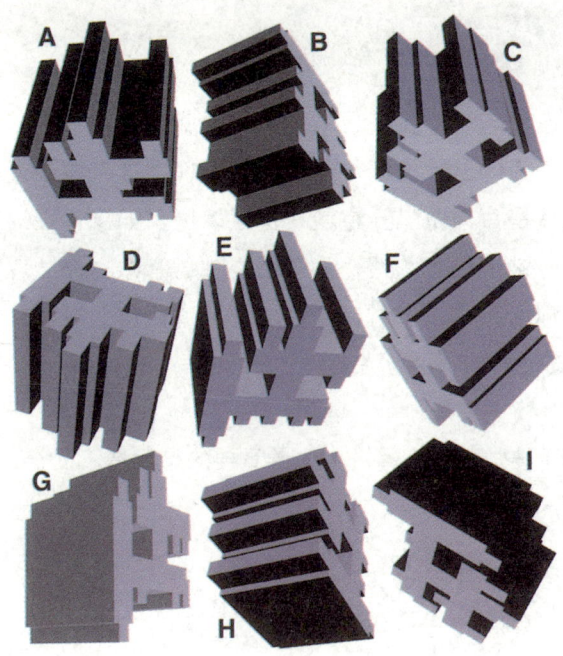

答案参见第157页。

# 大变身

图B中每个小方格的颜色与图A有直接的联系。图C中小方格的颜色与图B有着相同的联系。你能根据这个规则给图D涂上恰当的颜色吗?

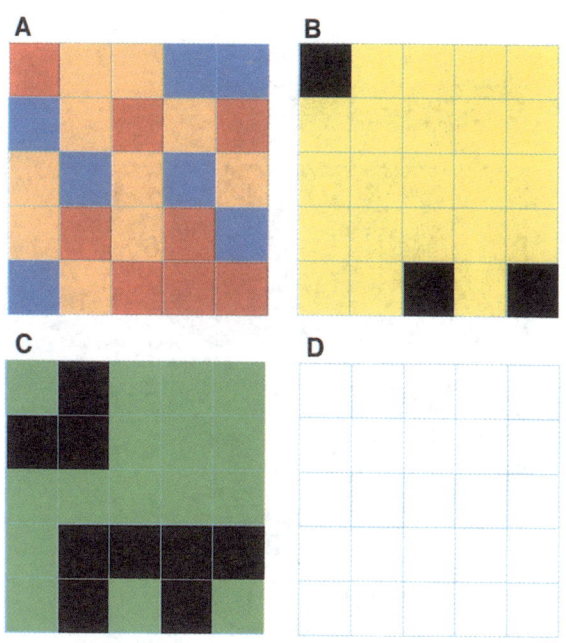

答案参见第157页。

# 战舰

下列方阵右侧和底部的数字代表了该行或该列内被占的方格以及相邻的方格组合。请在恰当的空格内画上四艘巡洋舰、四艘小艇和四个浮标,完成下列方阵,使其与对应的数字一致。

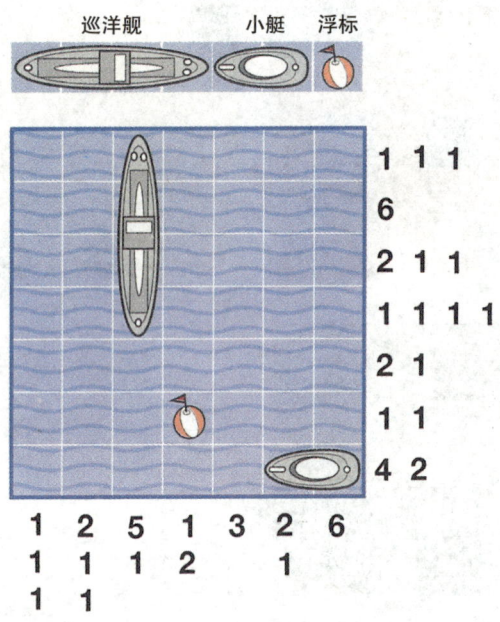

答案参见第157页。

# 营地针叶树

每棵树 🌲 的横向或纵向相邻的格子有一顶帐篷 ⛺。任意两顶帐篷不能出现在相邻的格子中（包括对角线）。右侧和底部的数字代表了该行或该列内帐篷的数量。你能确定所有帐篷的位置吗？

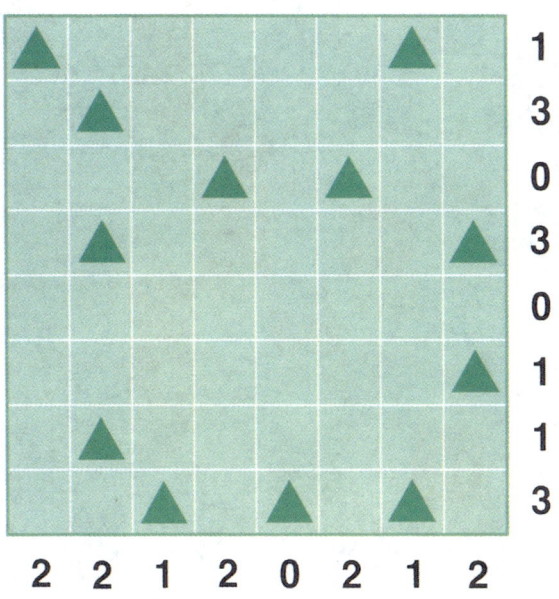

答案参见第157页。

# 象棋大战

你能在棋盘上放置后、象、马和车四枚棋子,使红色区域正好受到两枚棋子的攻击,绿色区域受到三枚棋子的攻击吗?

答案参见第157页。

# 骰子迷宫

下列骰子中,每种颜色代表了不同的方向。从方阵的中间点开始,正确地按照指示,依次经过所有的骰子一次。请问最后经过的骰子是哪个?

答案参见第157页。

# 美妙的分割

将下列方阵分割成大小、形状皆相同的四个图形,使每个图形都包含颜色各不相同的五个圆圈。

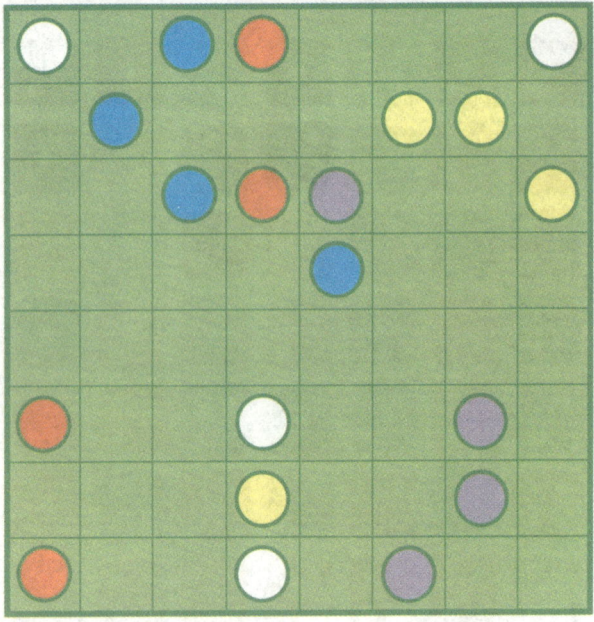

答案参见第157页。

# 杀手6

完成下列方阵,使所有的行、列都包含数字1、2、3、4、5、6,并且每个虚线标识区域内的数字之和等于给出的数字。

# 定位

下面这幅变形图原是一座世界闻名的标志性建筑。你知道它是哪里吗?

答案参见第158页。

# 数独

请沿着下面的网格画一根线穿过所有的圆圈,将它们连接起来。该线必须从每个方格边线的中央进出。

黑色圆圈:线在该方格中向左或向右转,并笔直穿过前、后相邻的两个方格。

白色圆圈:线笔直穿过该方格,并在后面和(或)前面相邻的方格转弯。

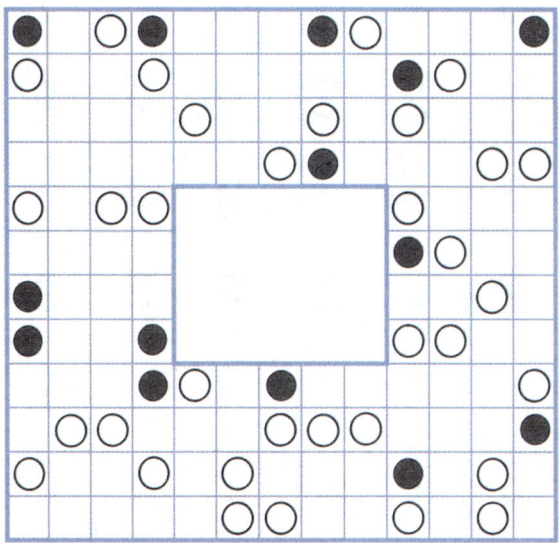

答案参见第158页。

# 环路连接

用横线或竖线连接相邻的两点,然后按照提示画一根连续的线,最后形成一个回路,并且不和自己相交。格子内的数字代表你所画的线经过该格的边数。并不是所有的方格都有数字提示。

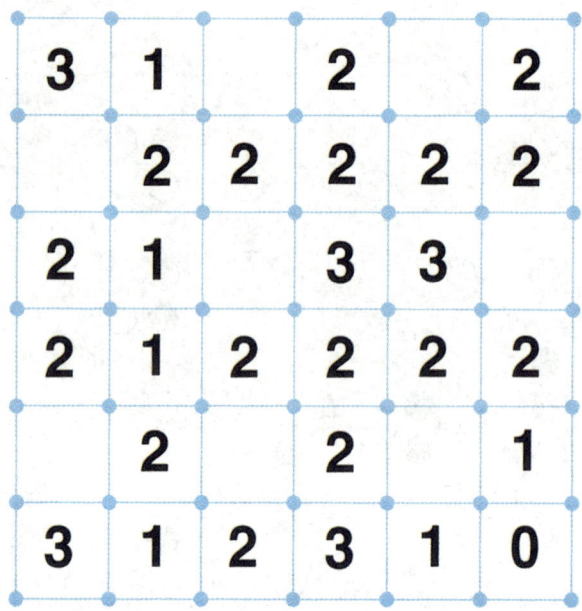

答案参见第158页。

# 逻辑顺序

下列小球的顺序被打乱了。你可以根据给出的提示排列出正确的顺序吗?

X和三角形之间有两个球。
星星和圆形之间有两个球。
星星和正方形之间有一个球。
圆形恰好在X的左边。

答案参见第158页。

# 拼图

下列五张小图中只有一张可以嵌入大图中的空白处——其他的图都经过稍许改动。你能准确地找出缺少的那块吗?

注意:小图方向和大图不一定一致。

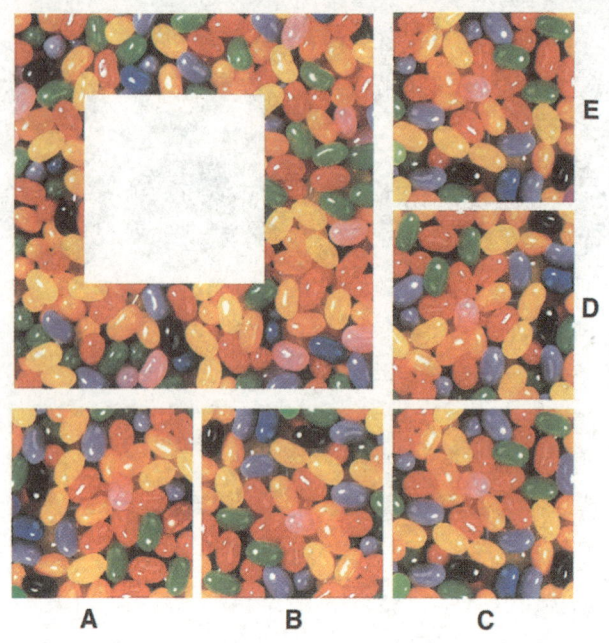

答案参见第158页。

# 平面图

下列选项中有三张都是上方立体图的平面图。请找出与立体图不相符的三张。

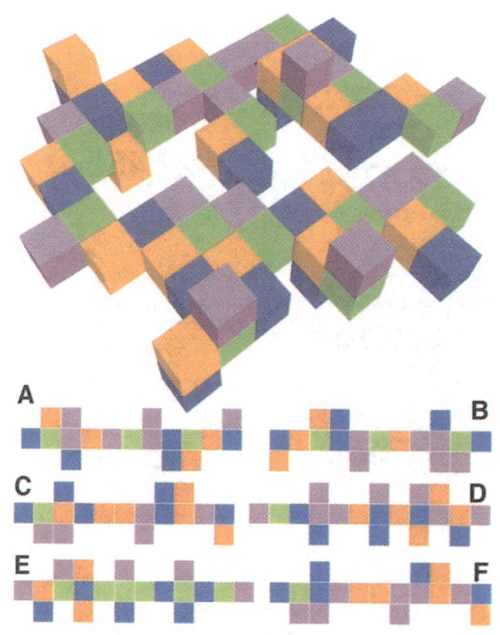

答案参见第158页。

# 价格之谜

时髦的邦德街珠宝店里,你打算将最近彩票中奖所得的一部分奖金拿出来给好朋友们买礼物。你看中了以下四种礼物,该如何组合才能使你买的十四件礼物正好花去一百万的1/4呢?

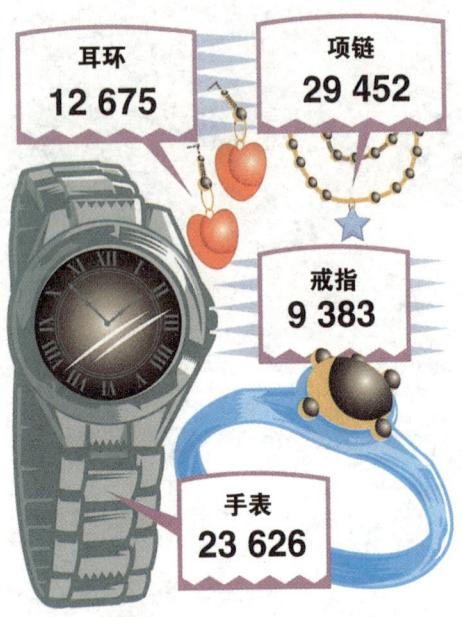

耳环 12 675

项链 29 452

戒指 9 383

手表 23 626

答案参见第158页。

# 红边角

找出四个红色边角与中间数字的关系。第三个方框中的问号应该是什么数字?

答案参见第158页。

# 扫雷

下图方格内的数字代表了该方格四周黑色格子的数量。将这些格子涂黑,直到所有的数字都被正确数量的黑格所包围。

| 3 |   | 2 | 1 |   | 2 |   |   |
|---|---|---|---|---|---|---|---|
|   |   |   | 2 |   |   | 3 | 1 |
| 3 | 3 | 1 | 2 |   |   |   | 0 |
|   | 2 |   |   | 3 |   | 2 | 0 |
|   |   | 1 | 1 | 3 | 2 |   | 1 |
|   | 2 | 1 |   | 3 |   | 3 |   |
| 2 |   |   | 3 |   | 4 |   | 3 |
|   | 1 | 1 |   | 3 |   | 3 |   |

答案参见第158页。

# 数独比大小

完成下列方阵，使所有的行、列以及每个粗线框标识的正方形都包含数字1、2、3、4、5、6、7、8、9。箭头所在方格内的数字大于其所指向的方格内的数字。

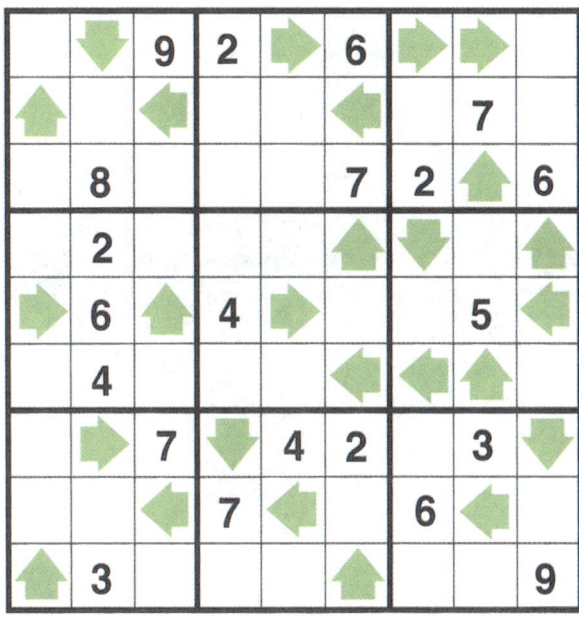

答案参见第158页。

# 数字块

将下列方阵分割成大小、形状皆相同的四个图形,使每个图形内的数字之和等于40。

答案参见第159页。

# 配对

下列图形中只有两个完全一样。你能找出来吗?

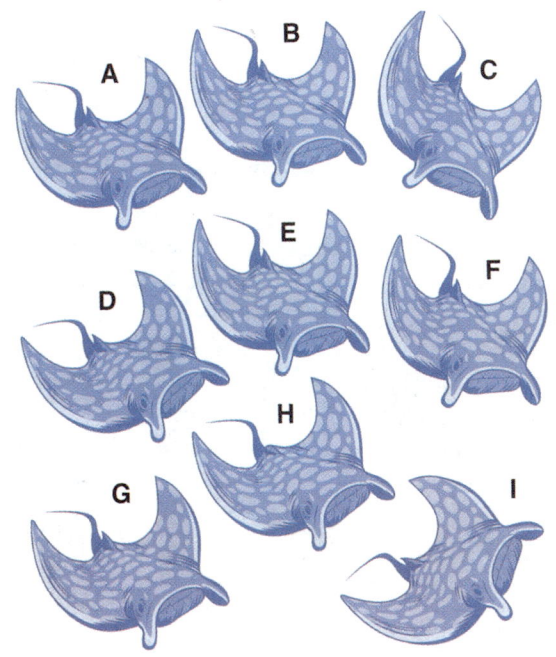

答案参见第159页。

# 符号算式

以下符号代表数字1至4。你能计算出每个颜色的武士各代表哪个数字,才能使算式成立吗?

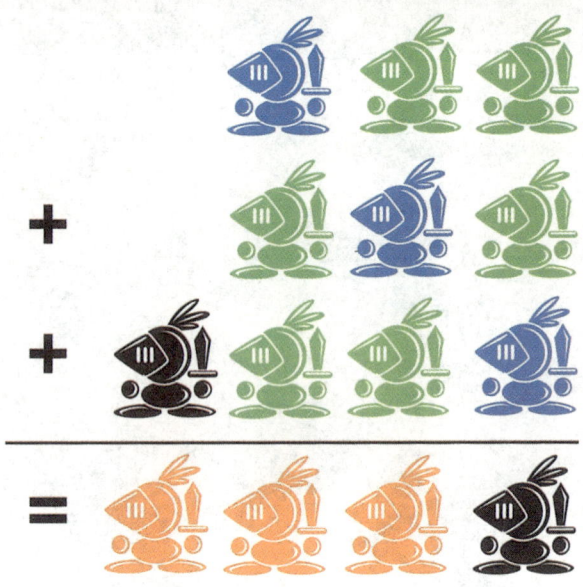

答案参见第159页。

# 头像算术

计算以下每个头像所代表的数字,然后找出正确的数字替代问号。

# 小小逻辑题

作为2012年奥运会的热身,东伦敦举办了武术、网球和足球等三项比赛。根据以下提示,你可以推算出每项运动举办的地点、比赛场地以及最终获胜的国家吗?

1) 在海克尼举办的网球赛不是在花园里进行的,获胜的也不是西班牙。

2) 意大利赢得了武术比赛,但是不在白城。

3) 刘易舍姆的比赛场地为草地。

|  | 公园 | 花园 | 草地 | 葡萄牙 | 西班牙 | 意大利 | 武术 | 网球 | 足球 |
|---|---|---|---|---|---|---|---|---|---|
| 海克尼 |  |  |  |  |  |  |  |  |  |
| 白城 |  |  |  |  |  |  |  |  |  |
| 刘易舍姆 |  |  |  |  |  |  |  |  |  |
| 武术 |  |  |  |  |  |  |
| 网球 |  |  |  |  |  |  |
| 足球 |  |  |  |  |  |  |
| 葡萄牙 |  |  |  |
| 西班牙 |  |  |  |
| 意大利 |  |  |  |

答案参见第159页。

# 剪影

下面哪一幅彩色图片与第一幅剪影相符?

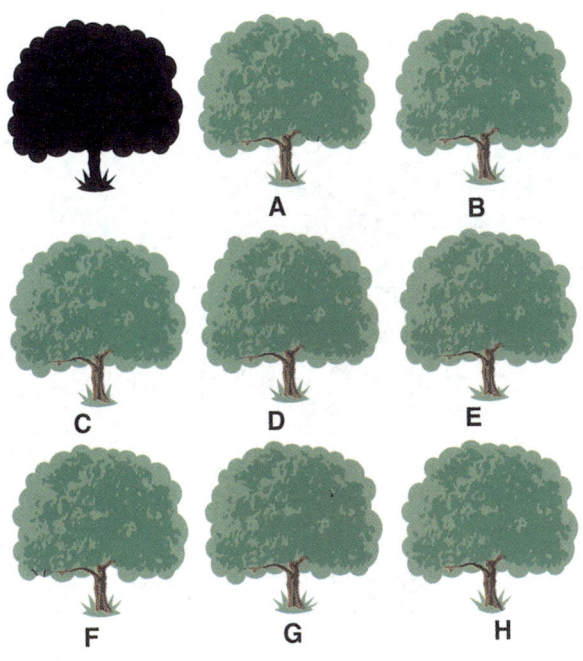

答案参见第159页。

# 找布景

以下四个小方格中的图片都可以在上方的网格图中找到——你可以把它们找出来吗？小心哦，小方格的方向不一定和大图一致。

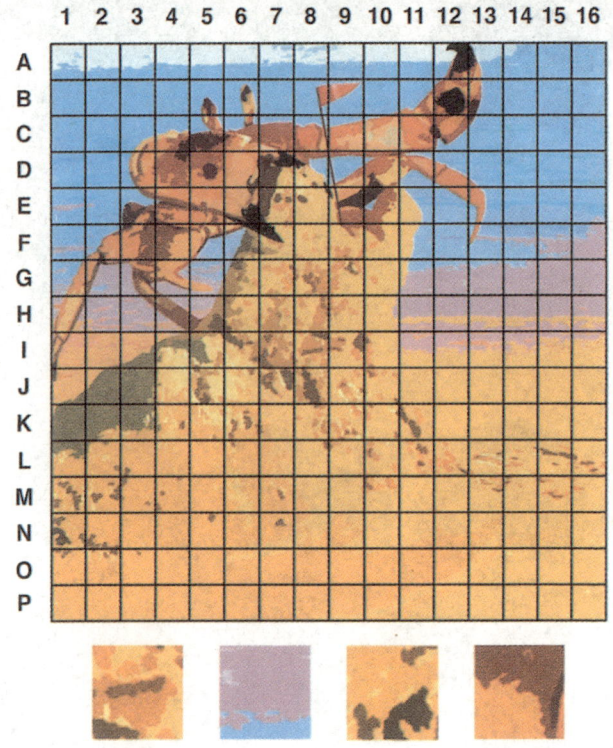

答案参见第159页。

# 大变身

图B中每个六边形的颜色与图A有直接的联系。你能根据这个规则给图C涂上恰当的颜色吗?

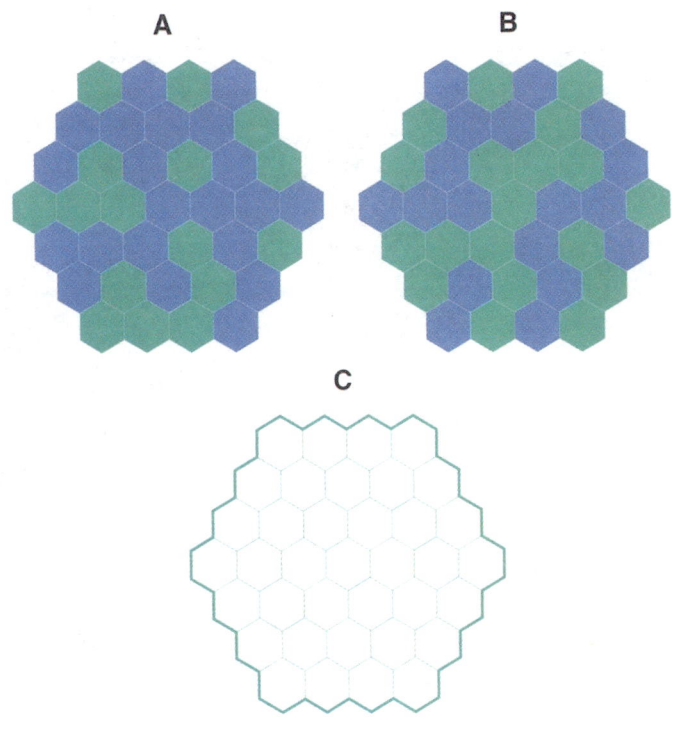

答案参见第159页。

# 拼拼看

下列十块碎片经重新组合后可拼出一位伟大的历史人物的名字……那会是谁?

答案参见第159页。

# 你会裁吗?

用两条直线段在下面的图形中剪出三个形状相同的图形。

答案参见第159页。

# 象棋大战

你能在棋盘上放置后、象、马和车四枚棋子,使红色区域正好受到两枚棋子的攻击,绿色区域受到三枚棋子的攻击,而黄色区域受到四枚棋子的攻击吗?

答案参见第160页。

# 彩色迷宫

寻找路径从迷宫左端穿越至右端,只能经相邻的六边形一步步前进,不能跳跃。并且只可以从蓝色到粉色,粉色到紫色,紫色到蓝色。

答案参见第160页。

# 骰子迷宫

下列骰子中，每种颜色代表了不同的方向。从方阵的中间点开始，正确地按照指示，依次经过所有的骰子一次。请问最后经过的骰子是哪个？

答案参见第160页。

# 五边形算题

找出下列五边形内数字之间的规则,然后在空白处填上正确的数字,使整个阵列完整。

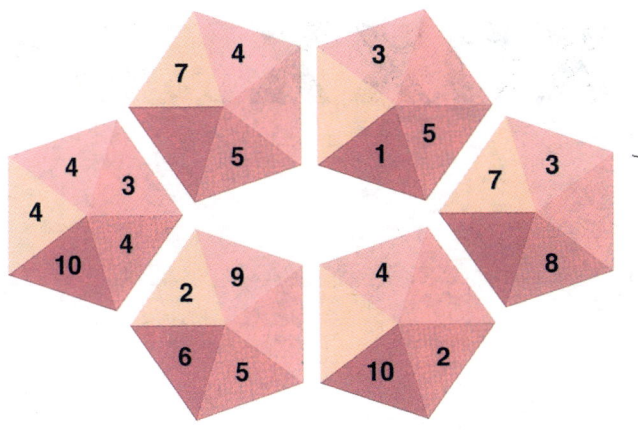

答案参见第160页。

# 顺序

按照以下序列的逻辑顺序，你能推断出下一个是什么字母，并且是什么颜色的吗？

# XOXX**XO**？

答案参见第160页。

# 杀手6

完成下列方阵，使所有的行、列都包含数字1、2、3、4、5、6，并且每个虚线标识区域内的数字之和等于给出的数字。

| 11 | **1** | 12 |   |   | 8 |
|----|----|----|----|----|----|
|    | 9  | 10 | 3  |    |   |
|    |    |    | 10 | 8  |   |
| 5  | 11 |    |    | 9  |   |
|    |    | 8  | **5** |    |   |
| 5  |    |    | 5  |    | **6** |

答案参见第160页。

# 拉丁方阵

完成下列方阵，使每行、每列以及每个粗线框标识的区域都包含字母A到H。

答案参见第160页。

# 数独

请沿着下面的网格画一根线穿过所有的圆圈,将它们连接起来。该线必须从每个方格边线的中央进出。

黑色圆圈:线在该方格中向左或向右转,并笔直穿过前、后相邻的两个方格。

白色圆圈:线笔直穿过该方格,并在后面和(或)前面相邻的方格转弯。

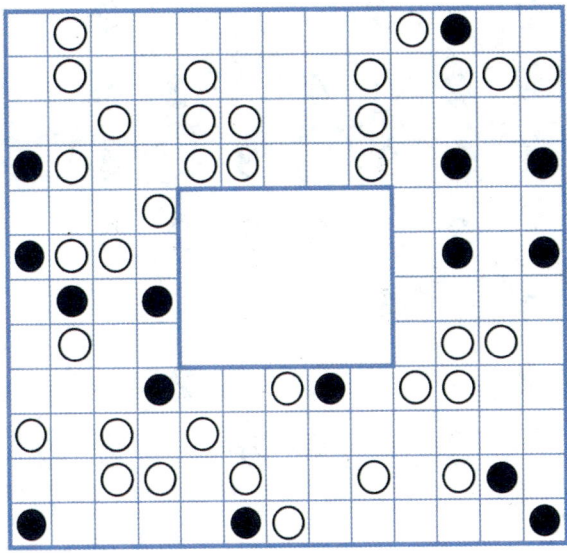

答案参见第160页。

# 扫雷

下图方格内的数字代表了该方格四周黑色格子的数量。将这些格子涂黑,直到所有的数字都被正确数量的黑格所包围。

|   | 2 | 3 |   |   | 2 | 1 | 1 |
|---|---|---|---|---|---|---|---|
| 2 |   | 3 |   |   |   | 2 |   |
|   |   | 2 |   | 4 |   | 3 |   |
| 1 |   | 3 |   | 3 |   | 4 |   |
|   | 2 |   | 3 | 3 | 2 | 5 |   |
| 1 |   | 4 |   | 1 |   |   |   |
| 2 |   |   | 2 |   | 2 |   |   |
|   | 3 |   | 1 | 0 |   | 2 | 2 |

答案参见第161页。

# 找出不同

下面哪个图形与其他的图形都不相同?

答案参见第161页。

# 今日补丁

将右侧的两个图形放入左侧的网格图中,让每行、每列都没有颜色重复。注意,这两个图形的方向不一定和大图一致。

答案参见第161页。

# 图案配对

下面只有一块瓷砖的图案是唯一的,其他的图案都可以互相配对。你能找出那个成单的吗?

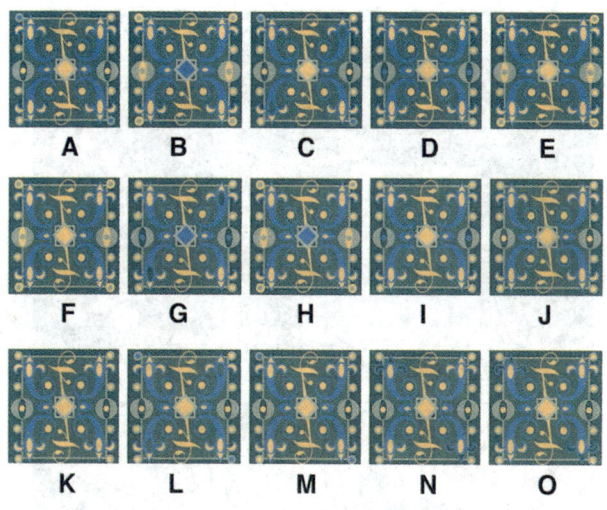

答案参见第161页。

# 拼图

下列五张小图中只有一张可以嵌入大图中的空白处——其他的图都经过稍许改动。你能准确地找出缺少的那块吗?

答案参见第161页。

# 价格之谜

你带着妻子、父母和孩子在博内茅斯一家豪华酒店内喝下午茶,你准备付账。你们七个人每人吃了两块甜点,一大壶茶的价格为4.95英镑。账单正好20英镑。你们一家总共吃了多少奶油夹心饼?

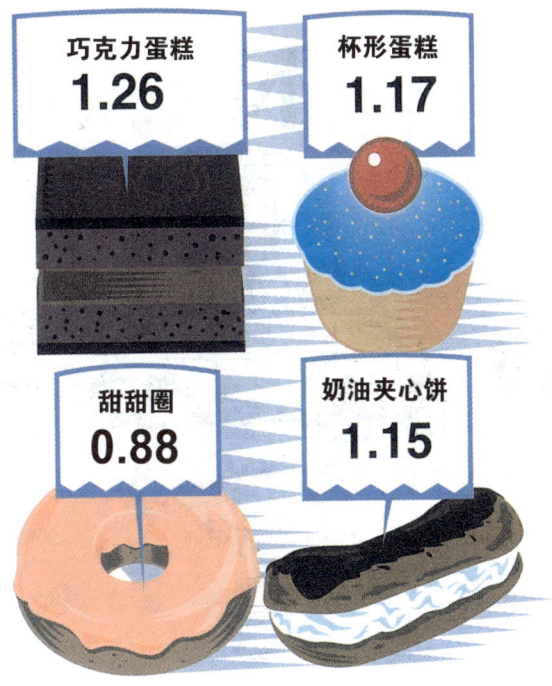

答案参见第161页。

# 猜谜

皮特驾车返回他度过童年的农场。出了镇子,他首先往东开了三英里,然后左转,向北继续开了四英里。结果他发现现在有一条新马路直接从镇出口通到农场!请问如果他提前知道这条近道的话,他可以少开多少英里路?

答案参见第161页。

# 轮盘赌

轮盘的球落在"0"格内。假使小球按照顺时针方向以3米/秒的平均速度运行16秒后落到一个数字格,而同时轮盘以2米/秒的平均速度往反方向转动。小球滚动的地方距轮盘中央50厘米。请问最终小球会落在哪里?圆周率(π)按照3.2来计算。

答案参见第161页。

# 找布景

以下四个小方格中的图片都可以在上方的网格图中找到——你能把它们找出来吗？小心哦，小方格的方向不一定和大图相同。

答案参见第161页。

# 搭积木

你能找出下列图形中数字背后的逻辑关系，然后计算出 A x B x C 的值吗？

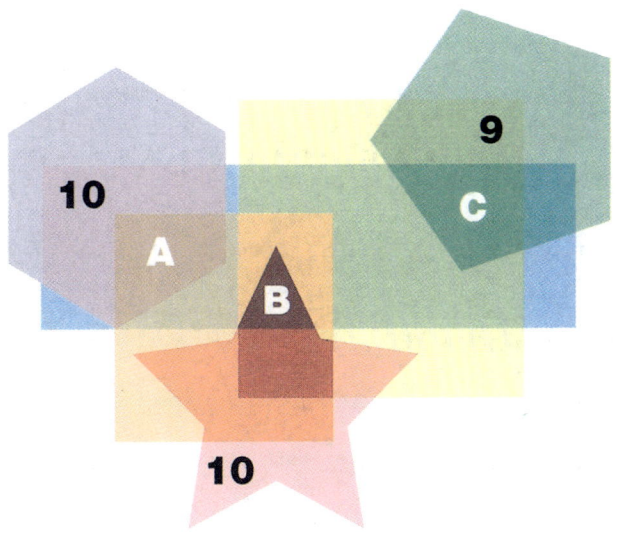

答案参见第162页。

# 迷你点阵图

下图每行、每列中的数字代表了黑色小方格以及相邻的黑色方格组合。给所有的黑色方格上色后，将会出现一幅图。

|   |   |   |   |   |   | 1 | 1 |    | 1 | 1 |   |   |    |   |    |   |    |   |   |
|---|---|---|---|---|---|---|---|----|---|---|---|---|----|---|----|---|----|---|---|
|   |   |   |   |   |   | 1 | 1 |    | 1 | 1 |   |   |    | 4 |    | 4 |    |   |   |
|   |   |   |   |   |   | 1 | 1 |    | 1 | 1 |   |   | 1  | 1 |    | 1 |    | 1 |   |
|   |   |   |   |   | 1 | 2 | 3 | 15 | 4 | 4 | 4 | 4 | 11 | 5 | 13 | 5 | 11 | 4 | 3 |
|   |   |   |   | 1 |   |   |   |    |   |   |   |   |    |   |    |   |    |   |   |
|   |   |   |   | 3 |   |   |   |    |   |   |   |   |    |   |    |   |    |   |   |
| 1 | 1 | 1 | 1 |   |   |   |   |    |   |   |   |   |    |   |    |   |    |   |   |
|   |   |   | 1 | 3 |   |   |   |    |   |   |   |   |    |   |    |   |    |   |   |
|   |   |   | 3 | 5 |   |   |   |    |   |   |   |   |    |   |    |   |    |   |   |
|   | 1 | 1 | 1 | 7 |   |   |   |    |   |   |   |   |    |   |    |   |    |   |   |
|   |   |   | 1 | 5 |   |   |   |    |   |   |   |   |    |   |    |   |    |   |   |
| 3 | 1 | 1 | 1 |   |   |   |   |    |   |   |   |   |    |   |    |   |    |   |   |
| 1 | 1 | 1 | 5 |   |   |   |   |    |   |   |   |   |    |   |    |   |    |   |   |
| 1 | 1 | 1 | 1 |   |   |   |   |    |   |   |   |   |    |   |    |   |    |   |   |
|   |   | 1 | 5 |   |   |   |   |    |   |   |   |   |    |   |    |   |    |   |   |
|   |   |   | 11|   |   |   |   |    |   |   |   |   |    |   |    |   |    |   |   |
|   |   |   | 13|   |   |   |   |    |   |   |   |   |    |   |    |   |    |   |   |
|   |   |   | 14|   |   |   |   |    |   |   |   |   |    |   |    |   |    |   |   |
|   |   |   | 15|   |   |   |   |    |   |   |   |   |    |   |    |   |    |   |   |

答案参见第162页。

# 数独

完成下列方阵，使所有的行、列以及每个粗线框标识的正方形都包含数字1、2、3、4、5、6、7、8、9。

|   | 7 |   |   |   | 5 |   | 4 |   |
|---|---|---|---|---|---|---|---|---|
|   |   |   |   | 1 |   | 6 |   |   |
| 2 |   |   | 3 |   |   |   | 1 | 8 |
|   |   | 5 |   |   |   | 3 |   |   |
|   |   |   |   | 4 | 1 |   |   |   |
| 3 |   | 9 |   |   | 7 |   |   | 6 |
| 7 |   |   | 8 |   | 4 |   | 3 |   |
|   |   | 2 |   | 9 |   | 5 |   |   |
|   | 5 |   | 6 |   |   |   | 8 | 1 |

答案参见第162页。

# 小小逻辑题

在银行抢劫案后，泰克斯、转轮枪、豪斯分道扬镳，各自前往藏身之所。你能推断出每个劫匪的名字、他们骑的马以及逃亡的地方吗？

1. 豪斯骑着布兰科前往一个以字母"O"结尾的小镇。
2. 转轮枪麦克吉骑的马不叫日落，也没有前往道奇。
3. 威廉姆斯的绰号不是泰克斯，他也没有前往里诺。

答案参见第162页。

# 符号算式

以下符号代表数字1至4。你能计算出每个颜色的靶子各代表哪个数字,才能使算式成立吗?

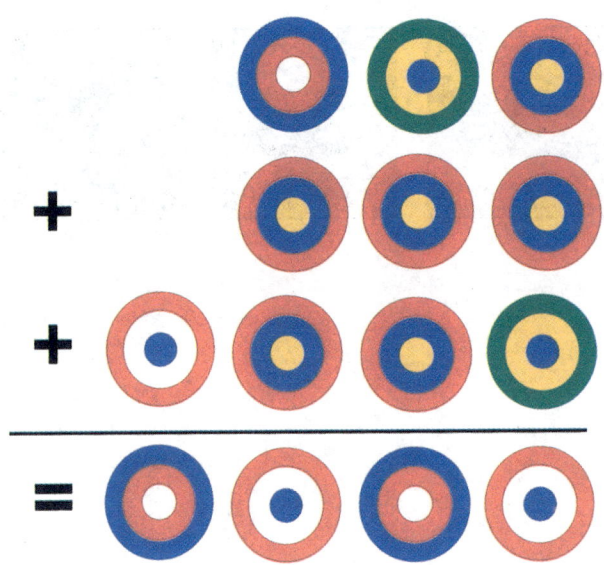

答案参见第162页。

# 红边角

找出四个红色边角与中间数字的关系。第三个方框中的问号应该是什么数字?

答案参见第162页。

# 零件

以下所有图片上的结构都是由三个如右图所示的零件拼装而成，只有一个例外！你能找出那个假冒的吗？

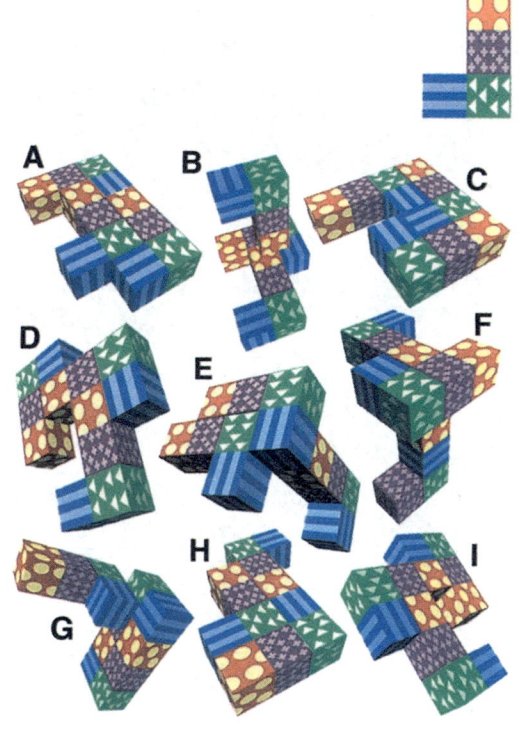

答案参见第162页。

# 考考你的记忆力

研究以下图片一分钟,然后用纸将图片盖住,回答以下5个问题。

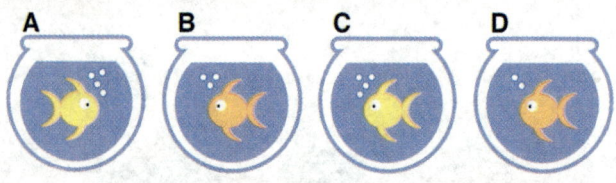

问题:
1. 黄色的鱼总共吹出多少泡泡?
2. 吹出三个泡泡的鱼是什么颜色?
3. C鱼吹出多少个泡泡?
4. 哪条鱼吹出的泡泡和面朝右的鱼吹出的泡泡一样多?
5. 哪两条鱼吹出的泡泡加起来有五个?

答案参见第162页。

# 红绿灯

完成下列方阵，使每行、每列都包含红色、橙色和绿色的圆点各一个。方阵四周的圆点代表你在该行或该列相应的方向第一个碰到的圆点颜色。

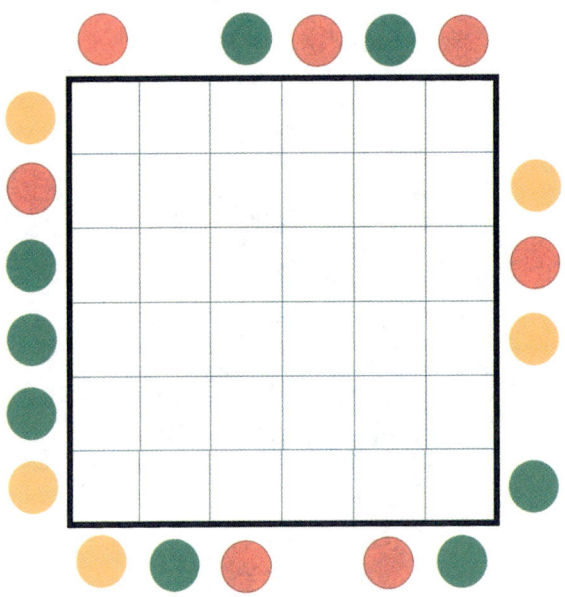

答案参见第162页。

# 维恩图

你能在下列图表中找出有多少喜欢跑步但不会骑车、留胡子的养狗人,以及不养狗、也不喜欢跑步的留胡子的骑车人?

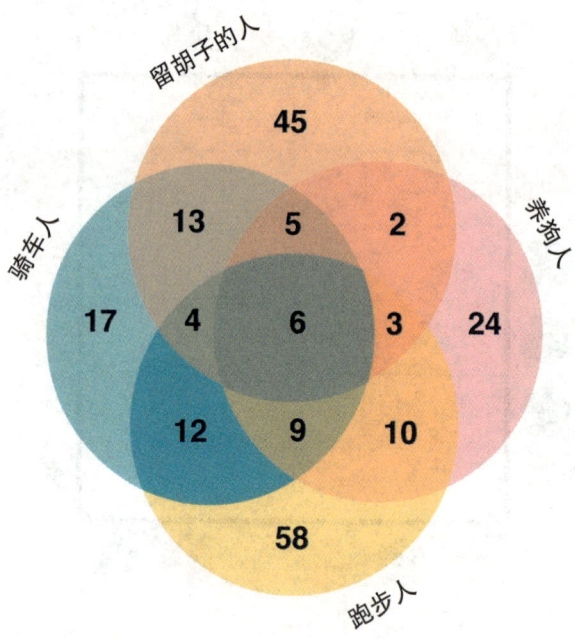

答案参见第163页。

# 找布景

以下四个小方格中的图片都可以在上方的网格图中找到——你可以把它们找出来吗？小心哦，小方格的方向不一定和主图一致。

答案参见第163页。

# 拼图

下列五张小图中只有一张可以嵌入大图中的空白处——其他的图都经过稍许改动。你能准确地找出缺少的那块吗?

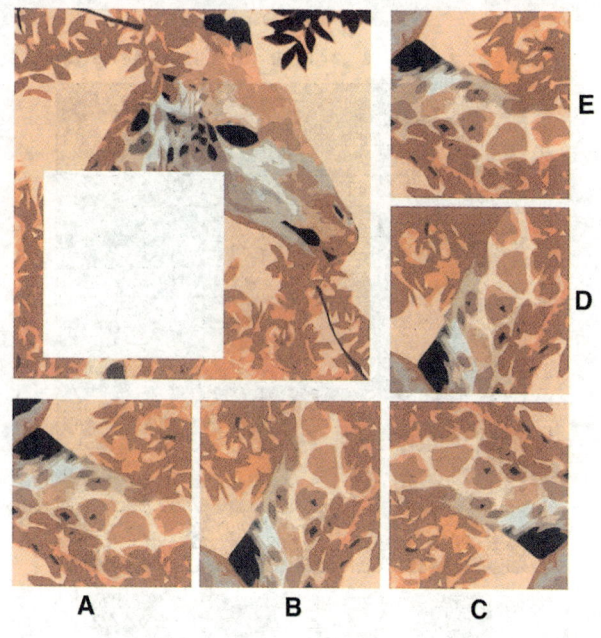

答案参见第163页。

# 找出不同

下面哪个图形与其他的图形都不相同?

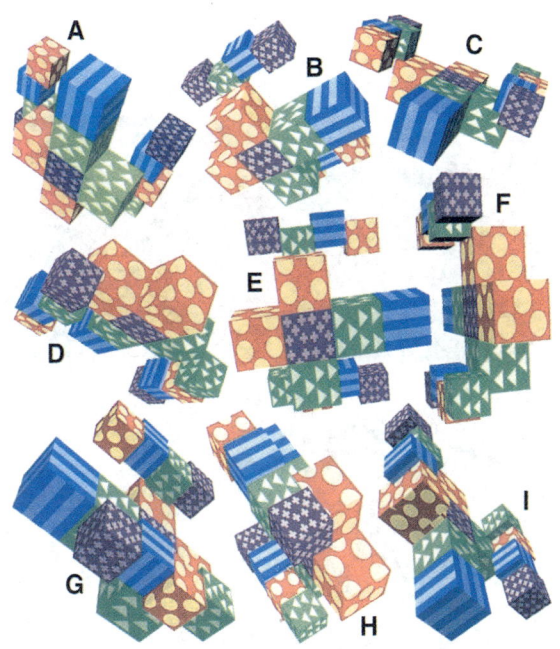

答案参见第163页。

# 大变身

图B中每个小方格的颜色与图A有直接的联系。图C中小方格的颜色与图B有着相同的联系。你能根据这个规则给图D涂上恰当的颜色吗?

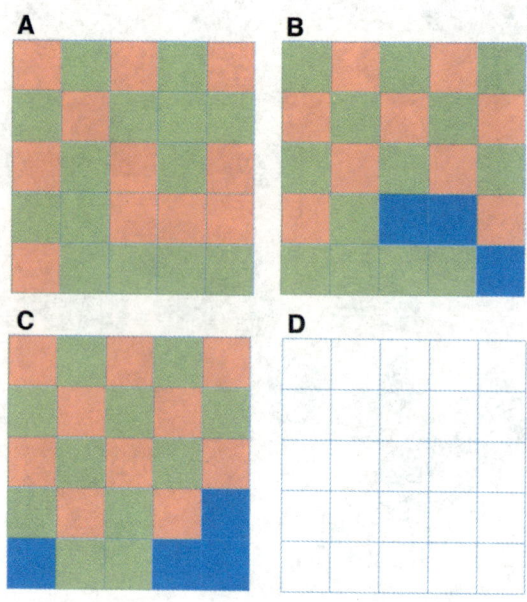

答案参见第163页。

# 战舰

下列方阵右侧和底部的数字代表了该行或该列内被占的方格以及相邻的方格组合。请在恰当的空格内画上四艘巡洋舰、四艘小艇和四个浮标,完成下列方阵,使其与对应的数字一致。

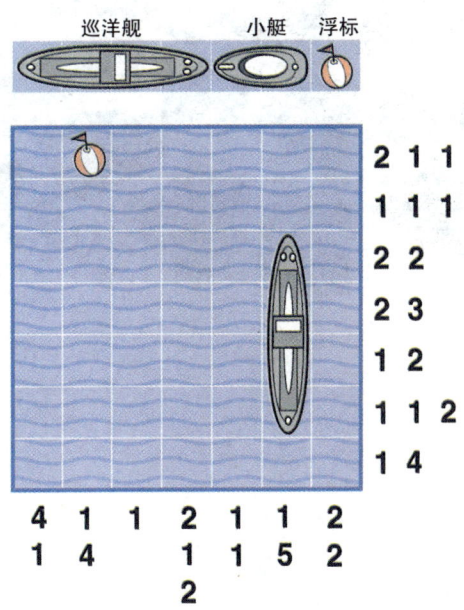

答案参见第163页。

# 拼拼看

下列碎片经重新组合后可拼出一座城市的名字……会是哪座?

答案参见第163页。

# 营地针叶树

每棵树 ▲ 的横向或纵向相邻的格子有一顶帐篷 ▲。任意两项帐篷不能出现在相邻的格子中(包括对角线)。右侧和底部的数字代表了该行或该列内帐篷的数量。你能确定所有帐篷的位置吗?

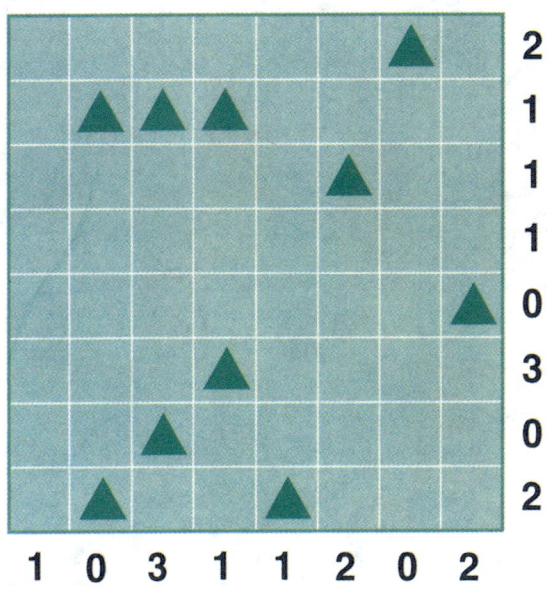

答案参见第163页。

# 象棋大战

你能在棋盘上放置后、象、马和车四枚棋子,使红色区域正好受到两枚棋子的攻击,绿色区域受到三枚棋子的攻击,黄色区域受到四枚棋子的攻击吗?

答案参见第163页。

# 立方体体积

下图这个大立方体由小方块搭成,其原来体积为12厘米 x 12厘米 x 12厘米。现在移去其中一部分小方块,你能计算出这些剩余方块的体积吗?假设所有看不见的方块全部都在。

答案参见第164页。

# 骰子之谜

下图中缺少的数字应该是多少?

答案参见第164页。

# 杀手6

完成下列方阵，使所有的行、列都包含数字1、2、3、4、5、6，并且每个虚线标识区域内的数字之和等于给出的数字。

答案参见第164页。

# 杀手数独

完成下列方阵，使所有的行、列以及每个粗线框标识的正方形都包含数字1、2、3、4、5、6、7、8、9。并且每个虚线标识区域内的数字之和等于给出的数字。

答案参见第164页。

# 定位

下面这幅变形图原是一座世界闻名的标志性建筑。你知道它是哪里吗?

答案参见第164页。

# 数独

请沿着下面的网格画一根线穿过所有的圆圈,将它们连接起来。该线必须从每个方格边线的中央进出。

黑色圆圈:线在该方格中向左或向右转,并笔直穿过前、后相邻的两个方格。

白色圆圈:线笔直穿过该方格,并在后面和(或)前面相邻的方格转弯。

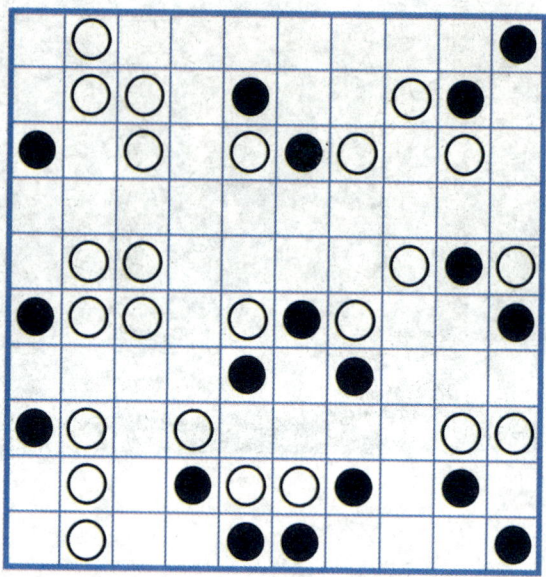

答案参见第164页。

# 矩阵

下面图形组合的空白处应嵌入右侧线框中的哪个图形?

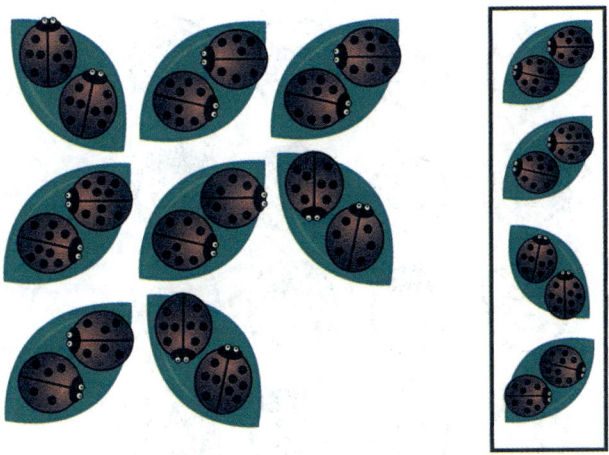

答案参见第164页。

# 头像算术

计算以下每个头像所代表的数字，然后找出正确的数字替代问号。

答案参见第164页。

# 象棋大战

你能在棋盘上放置后、象、马各一枚,以及两枚车,使橙色区域正好受到两枚棋子的攻击,红色区域受到三枚棋子的攻击,绿色区域受到四枚棋子的攻击,黄色区域受到五枚棋子的攻击吗?

答案参见第164页。

# 称重

下图中彩色的小球分别代表数字3、4、5、6、7。你能推算出它们各自所代表的数字,然后算出最后一个天平的托盘上应该放多少只红球才能使天平两边平衡吗?

答案参见第165页。

# 红绿灯

完成下列方阵，使每行、每列都包含红色、橙色和绿色的圆点各一个。方阵四周的圆点代表你在该行或该列相应的方向第一个碰到的圆点颜色。

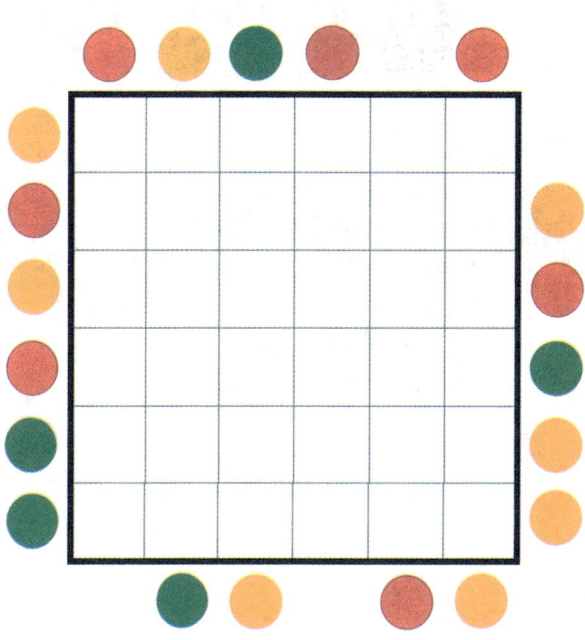

答案参见第165页。

# 考考你的记忆力

研究以下图片一分钟，然后用纸将图片盖住，回答以下五个问题。

问题：
1. 4号和6号球中间的球是什么颜色？
2. 序列两端的球相加等于多少？
3. 右边四个球号码之和比余下的球大还是小？
4. 黑球左边的球上是什么数字？
5. 1号球右边的球是什么颜色的？

答案参见第165页。

# 零件

以下所有图片上的结构都是由三个如右图所示的零件拼装而成,只有一个例外!你能找出那个假冒的吗?

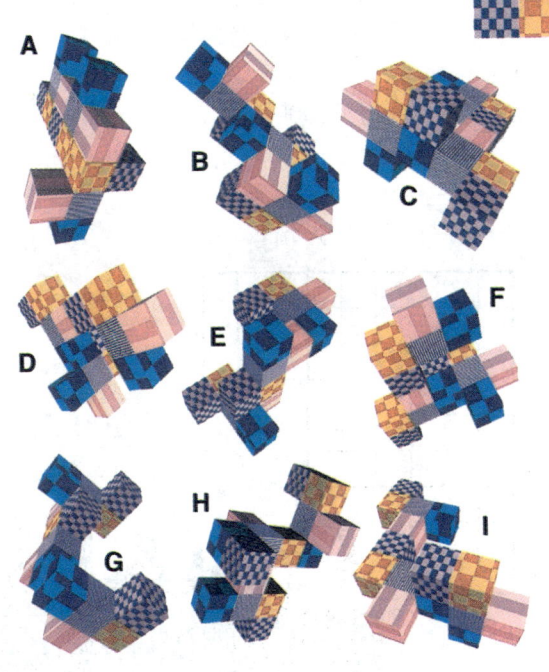

答案参见第165页。

# 小小逻辑题

杰夫、托尼和比尔都在拉斯维加斯获得了扑克锦标赛的胜利。你能为每位选手找到他们的姓和绰号,并计算出每位选手获得多少奖金吗?

1) 比尔·赛尔斯的绰号不是"幸运儿"。
2) "钻石"托尼不叫霍普金斯,他赢得的奖金超过500美元。
3) "幸运儿"赢得了1000美元。

答案参见第165页。

# 找布景

以下四个小方格中的图片都可以在上方的网格图中找到——你能把它们找出来吗?小心哦,小方格的方向不一定和主图一致。

答案参见第165页。

# 天平

以下天平的天平臂被分割成段——距离中间点两段臂长的重量是只隔一段臂长的两倍。你可以将下列砝码放在天平的托盘上,使整个天平保持平衡吗?

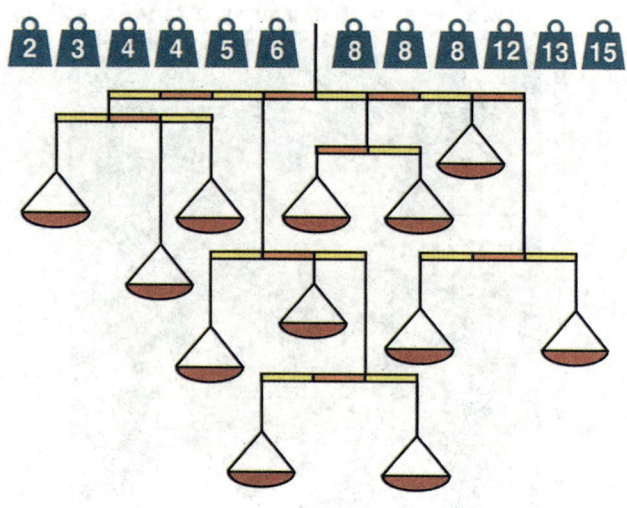

答案参见第165页。

# 猜谜

四姐妹在厨房留下一块匹萨,然后到另外一间房看电影去了。两小时后,她们回到厨房,却发现那片匹萨不见了!

凯蒂说:"是霍莉吃了!"
霍莉说:"是艾米吃了!"
艾米说:"霍莉在撒谎!"
帕皮说:"嗯,不是我!"

如果四姐妹中只有一个人说的话是真的——究竟是谁吃了那片匹萨?

答案参见第165页。

# 拼拼看

下列碎片经重新组合后可拼出一位文学巨匠的名字……那会是谁?

答案参见第165页。

# 你会裁吗?

用一条连续的线在下面的图形中剪出三个大小形状都相同的图形。

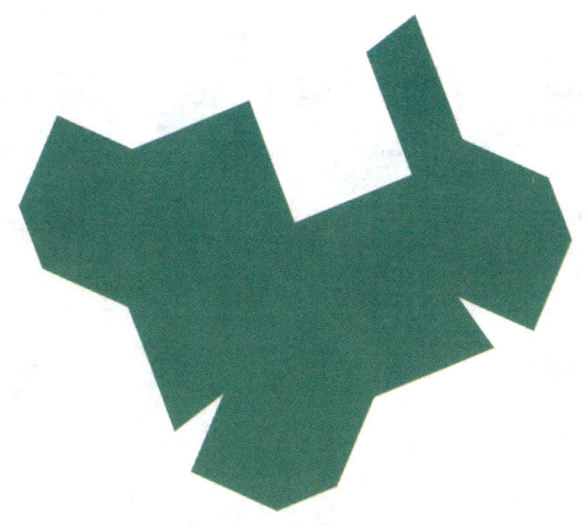

答案参见第165页。

# 五角星

信不信由你,以下这些星星中,没有两颗是完全一样的。它们每一个都代表了五种颜色的一种排列组合——但是缺了一种。你能找出缺失的星星的颜色组合吗?

答案参见第166页。

# 美妙的分割

将下列方阵分割成大小、形状皆相同的四个图形,使每个图形都包含颜色各不相同的五个贝壳。

答案参见第166页。

# 马的行动

在下面的国际象棋棋盘中，找出一个空格，使其中的马可以一步走入蓝色圆圈，或红色圆圈或黄色圆圈。马的移动路线呈L形——向上或向下或向左或向右两格，然后往左或往右或往上或往下一格。

答案参见第166页。

# 数独

请沿着下面的网格画一根线穿过所有的圆圈,将它们连接起来。该线必须从每个方格边线的中央进出。

黑色圆圈:线在该方格中向左或向右转,并笔直穿过前、后相邻的两个方格。

白色圆圈:线笔直穿过该方格,并在后面和(或)前面相邻的方格转弯。

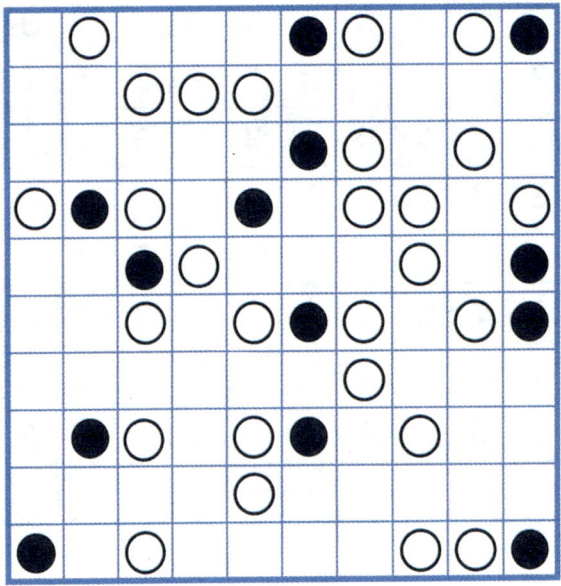

答案参见第166页。

# 扫雷

下图方格内的数字代表了该方格四周黑色格子的数量。将这些格子涂黑,直到所有的数字都被正确数量的黑格所包围。

|   |   |   | 1 |   | 2 | 2 |   |   |
|---|---|---|---|---|---|---|---|---|
| 3 |   | 4 | 3 |   | 3 |   |   | 3 |
| 2 | 3 |   |   | 3 |   | 2 | 2 | 1 | 1 |
|   |   |   | 2 | 3 |   | 3 |   | 3 |   | 1 |
| 2 | 3 | 3 |   | 3 |   |   |   |   | 2 |
| 1 |   |   |   | 3 |   | 4 | 5 | 4 |   |
| 2 | 4 | 5 |   |   |   |   | 3 |   | 2 |
| 1 |   |   | 3 | 2 |   | 3 |   | 2 | 1 |
|   | 5 |   | 2 | 2 |   | 5 |   | 4 | 2 |
|   |   | 2 |   | 1 |   |   |   |   |   |

答案参见第166页。

# 图案配对

下面只有一块瓷砖的图案是唯一的,其他的图案都可以互相配对。你能找出那个成单的吗?

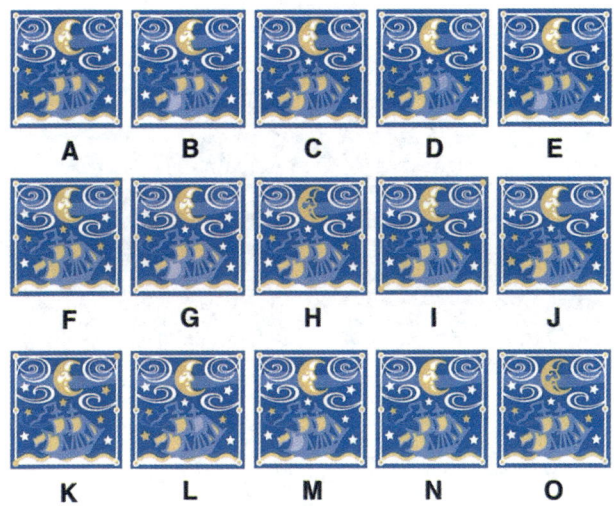

答案参见第166页。

# 数字山

用数字代替所有的问号,使左右相邻的两个方块中的数字之和等于它们上方方块中的数字。

答案参见第166页。

# 数独比大小

完成下列方阵,使所有的行、列以及每个粗线框标识的正方形都包含数字1、2、3、4、5、6、7、8、9。箭头所在方格内的数字大于其所指向的方格内的数字。

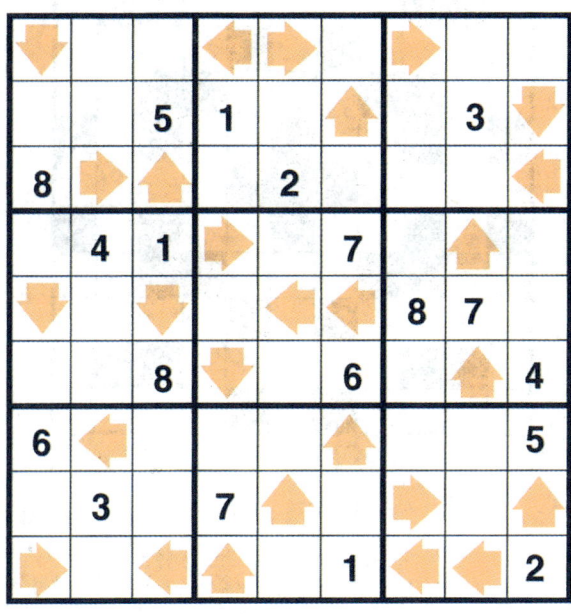

答案参见第166页。

# 填数字

将下列数字填入恰当的方格中,完成方阵。

| 51  | 354 | 4488 | 28 | 578  | 1990 | 82    | 9120 | 6780    |
|-----|-----|------|----|------|------|-------|------|---------|
| 96  | 225 | 7276 | 50 | 534  | 1095 | 25    | 8547 | 2450    |
| 99  | 560 | 4045 | 26 | 121  | 2725 | 62720 |      | 1114400 |
| 55  | 408 | 1547 | 39 | 1605 | 9676 | 35532 |      | 4967424 |
| 18  | 981 | 2264 | 45 | 4459 | 5442 |       |      |         |

答案参见第167页。

# 小小逻辑题

三个教授分别在研究不同的宇宙现象，这些宇宙现象所在的方位不同，靠近的行星也各不相同。你可以推算出每个教授研究的是哪个方位的哪个现象，以及每个天体靠近哪个星球吗？

1) 土星接近西方。但是格林教授看的不是这个方向。
2) 小行星靠近木星。富吉雅玛研究的不是这个。
3) 富吉雅玛向南方看，但不是黑洞。

答案参见第167页。

# 珍宝岛

下列方阵右侧和底部的数字代表了该行或该列内被占的方格以及相邻的方格组合。请在恰当的方格内画上合适的图形,使方阵中共有两把钥匙、两个护身符、三把弯刀和三块金条,并与对应的数字一致。

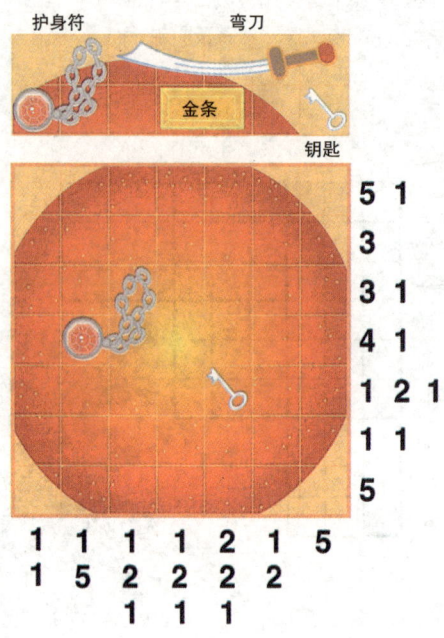

答案参见第167页。

# 考考你的记忆力

研究以下图片一分钟,然后用纸将图片盖住,回答以下五个问题。

# Beethoven

问题:
1. 两个蓝色字母中间是哪个字母?
2. 跟在两个绿色字母后面的字母是什么颜色?
3. 所有的字母"e"颜色都不相同吗?
4. 红色字母中有多少个是元音?
5. 唯一一个既不是红色也不是绿色的辅音字母是哪个?

答案参见第167页。

# 拼拼看

下列碎片经重新组合后可拼出一位伟大的画家的名字……那会是谁?

答案参见第167页。

# 象棋大战

你可以在棋盘上放置后、象、马各一枚,以及两枚车,使橙色区域正好受到两枚棋子的攻击,红色区域受到三枚棋子的攻击,绿色区域受到四枚棋子的攻击,黄色区域受到五枚棋子的攻击吗?

答案参见第167页。

# 立方体体积

下图这个大立方体由小方块搭成,其原来体积为18厘米×18厘米×18厘米。现在移去其中一部分小方块,你能计算出这些剩余方块的体积吗?假设所有看不见的方块全部都在。

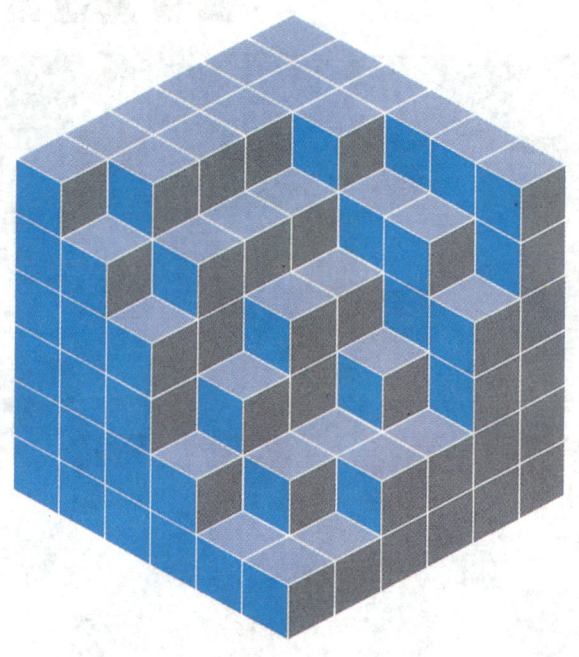

答案参见第167页。

# 美妙的分割

将下列方阵分割成大小、形状皆相同的四个图形,使每个图形都包含颜色各不相同的五辆公共汽车。

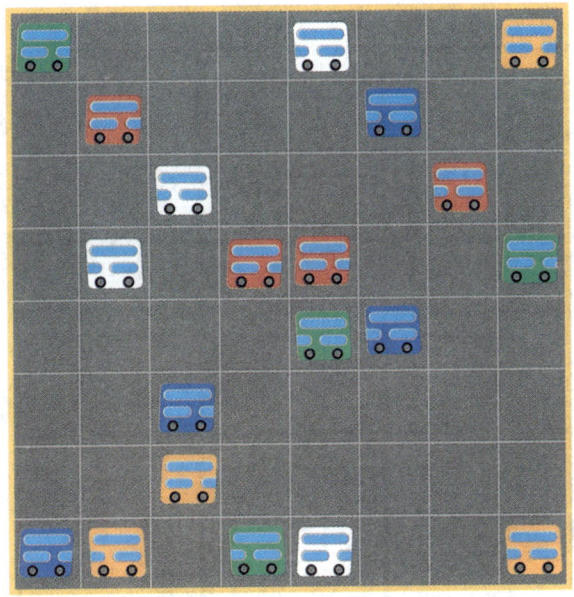

答案参见第168页。

# 杀手数独

完成下列方阵，使所有的行、列以及每个粗线框标识的正方形都包含数字1、2、3、4、5、6、7、8、9，并且每个虚线标识区域内的数字之和等于给出的数字。

答案参见第168页。

# 框架图

下列选项中的框架结构都是彩图的真实描绘,只有一张例外。请找出例外的那张框架图。

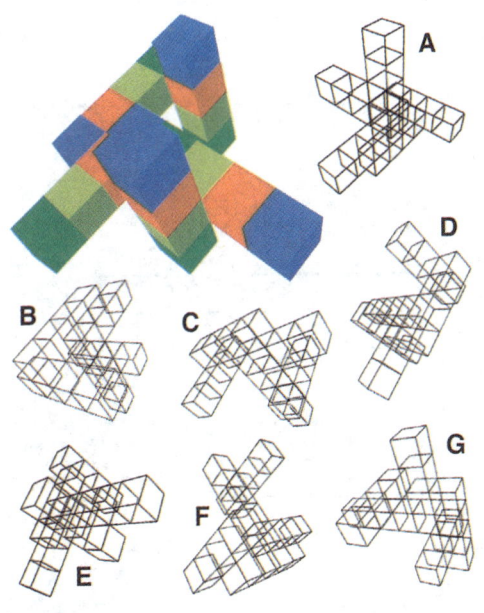

答案参见第168页。

# 小小逻辑题

菲利普、吕克、伯纳德在山间驾驶热气球飞行。根据以下提示,你能推算出他们每个人飞行了多少距离、在哪个国家着陆、并且找出每个热气球驾驶者的姓氏吗?

1. 菲利普飞行了50英里,最后登陆地点不是在比利时。
2. 布鲁内(不是伯纳德)在瑞士着陆,距他起飞地点超过25英里。
3. 飞行25英里后最终着陆在法国的不是伯纳德,也不是杜邦。

答案参见第168页。

# 拉丁方阵

完成下列方阵，使每行、每列以及每个粗线框标识的区域都包含字母A至H。

答案参见第168页。

# 矩阵

下面图形组合的空白处应嵌入右侧线框中的哪个图形?

答案参见第168页。

# 迷你点阵图

下图每行、每列中的数字代表了黑色小方格以及相邻的黑色方格组合。给所有的黑色方格上色后,将会出现一幅图。

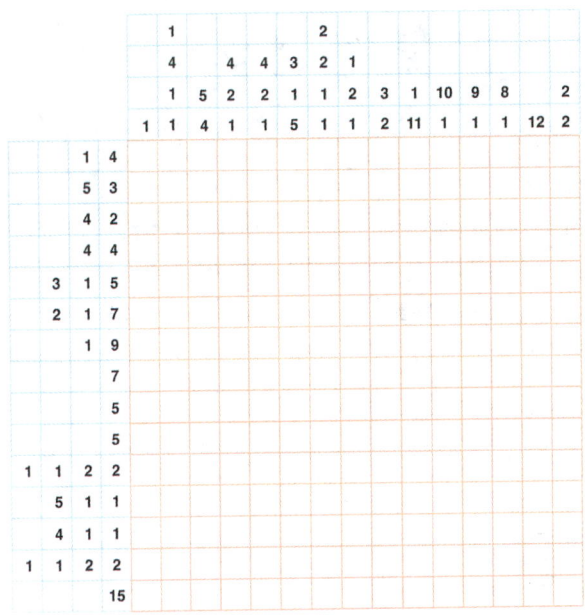

答案参见第168页。

# 比大小

下面的箭头表示了相邻两个方格内的数字之间的大小关系。请在空格内填上恰当的数字，使所有的行、列都包含数字1到5。

答案参见第169页。

# 今日补丁

将右侧的两个图形放入左侧的网格图中,让每行、每列都没有颜色重复。注意,这两个图形的方向不一定和主图一致。

答案参见第169页。

# 图案配对

下面只有一块瓷砖的图案是唯一的,其他的图案都可以互相配对。你能找出那个成单的吗?

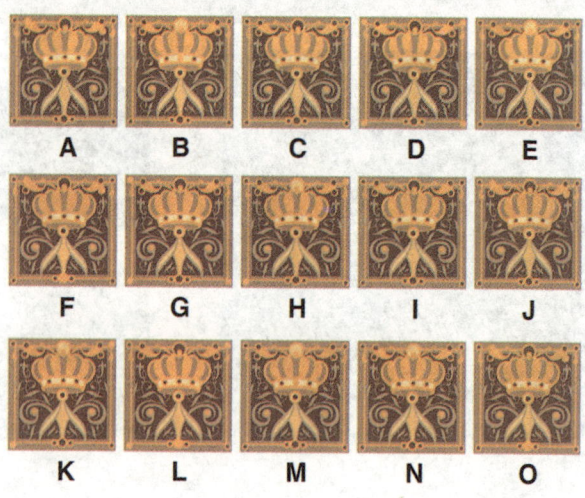

答案参见第169页。

# 天平

以下天平的天平臂被分割成段——距离中间点两段臂长的重量是只隔一段臂长的两倍。你能将下列砝码放在天平的托盘上,使整个天平保持平衡吗?

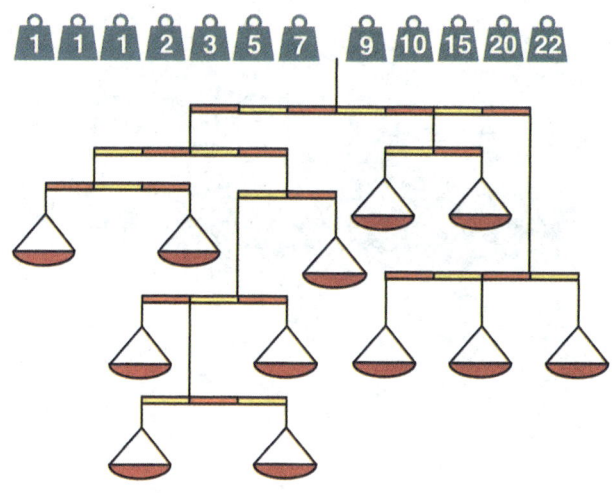

答案参见第169页。

# 搭积木

你能找出下列图形中数字背后的逻辑关系，然后计算出A除以B的值等于C、D还是E吗？

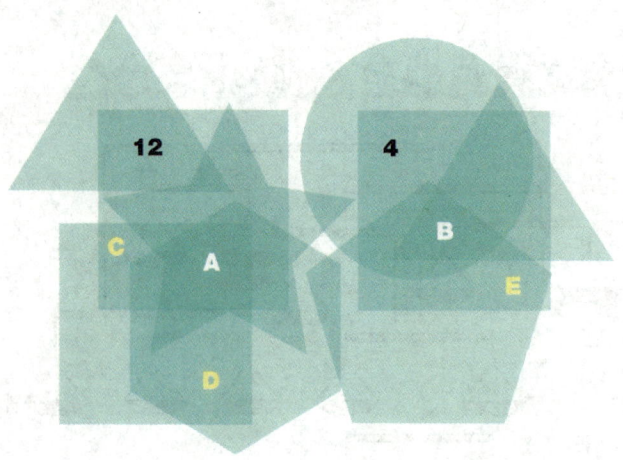

答案参见第169页。

# 符号算式

以下颜色代表数字1至5。你能计算出每种颜色各代表哪个数字,才能使算式成立吗?

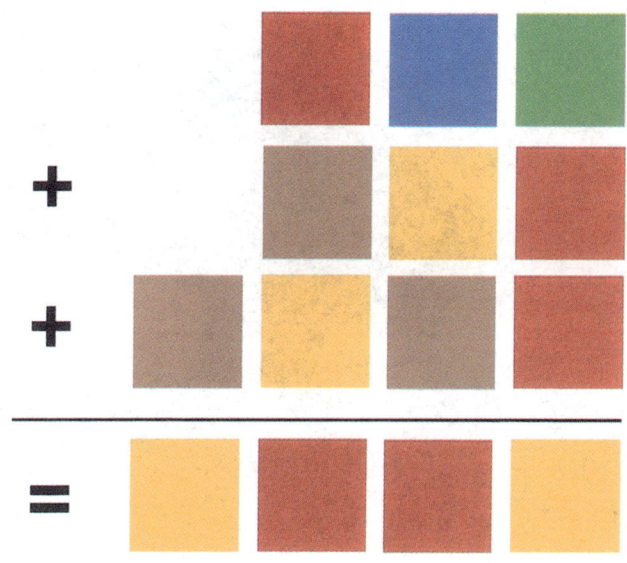

答案参见第169页。

## 你会裁吗?

在下面的图形上剪两刀,使剪出的三个图形大小和形状都相同。

答案参见第169页。

# 立方体

下图可以被折成一个立方体。应该是图示四个立方体中的哪个呢?

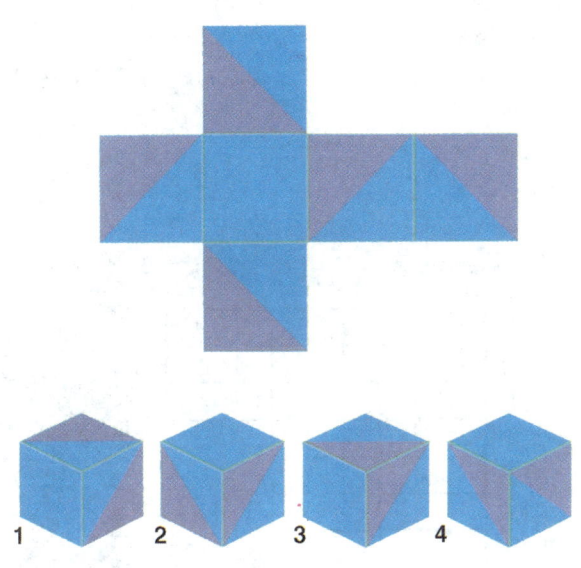

答案参见第169页。

# 小小逻辑题

剑鱼海滩的椰子在马林岛内大受欢迎,因为它们个头大,味道甜。随着周末的临近,攀爬手收到了大量的订单。你能根据以下提示,推断出他需要给每个人提供多少数量的椰子,这些人分别是什么行业,以及规定的交货时间吗?

1. 亚瑟不是做巧克力的,他需要30个椰子。
2. 大丹也不是做巧克力的,他的10个椰子需要在星期六交货。
3. 星期五的订单不是给艾丽丝或者海滩酒吧的。

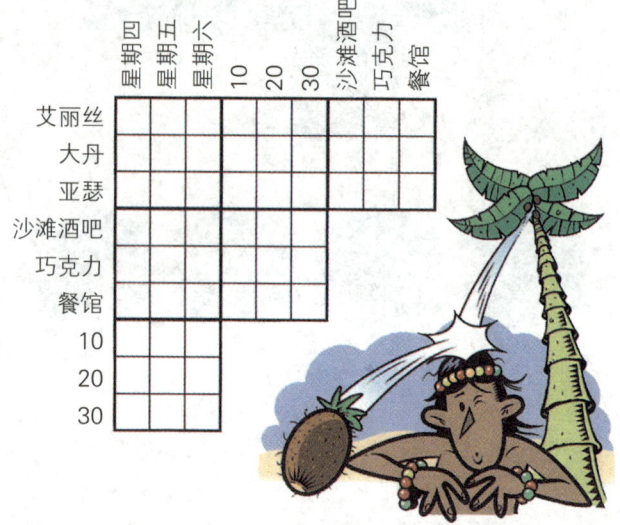

答案参见第169页。

# 天平

以下天平的天平臂被分割成段——距离中间点两段臂长的重量是只隔一段臂长的两倍。你能将下列砝码放在天平的托盘上,使整个天平保持平衡吗?

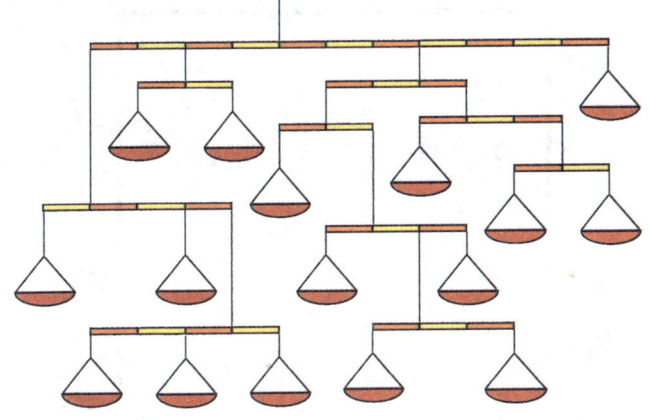

答案参见第170页。

# 红绿灯

完成下列方阵，使每行、每列都包含红色、橙色和绿色的圆点各一个。方阵四周的圆点代表你在该行或该列相应的方向第一个碰到的圆点颜色。

# 拼图

下列五张小图中只有一张可以嵌入大图中的空白处——其他的图都经过稍许改动。你能准确地找出缺少的那块吗?

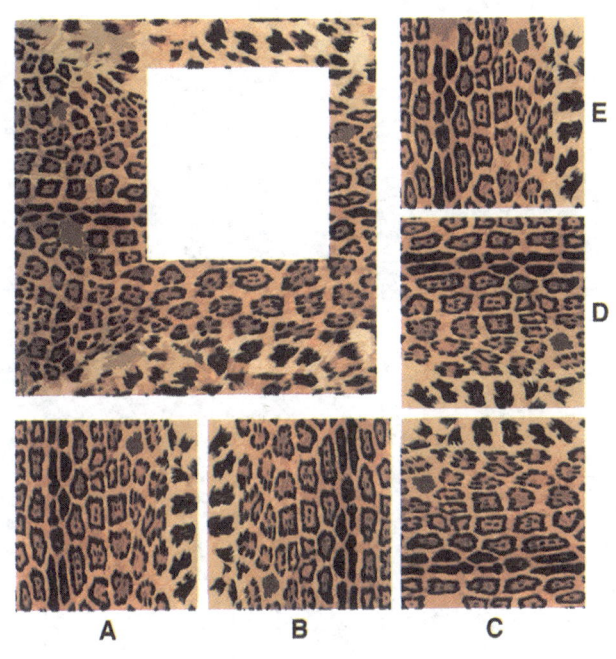

答案参见第170页。

# 环路连接

用横线或竖线连接相邻的两点，然后按照提示画一根连续的线，最后形成一个回路，并且不和自己相交。格子内的数字代表你所画的线经过该格的边数。并不是所有的方格都有数字提示。

| 2 |   | 2 | 3 |   | 2 |   | 3 |
|---|---|---|---|---|---|---|---|
| 2 | 0 | 1 |   | 0 | 3 | 2 | 2 |
| 3 |   | 3 | 2 |   | 2 | 1 |   |
| 2 | 0 | 2 | 1 | 2 |   | 2 | 2 |
|   | 0 |   | 2 | 3 |   | 2 | 1 |
| 2 | 2 |   | 1 |   | 2 |   |   |
|   |   | 3 | 2 |   | 2 | 3 | 2 |
| 3 | 1 |   | 2 | 3 | 2 |   | 2 |

答案参见第170页。

# 矩阵

下面图形组合的空白处应嵌入右侧线框中的哪个图形?

答案参见第170页。

# 数独比大小

完成下列方阵，使所有的行、列以及每个粗线框标识的正方形都包含数字1、2、3、4、5、6、7、8、9。箭头所在方格内的数字大于其所指向的方格内的数字。

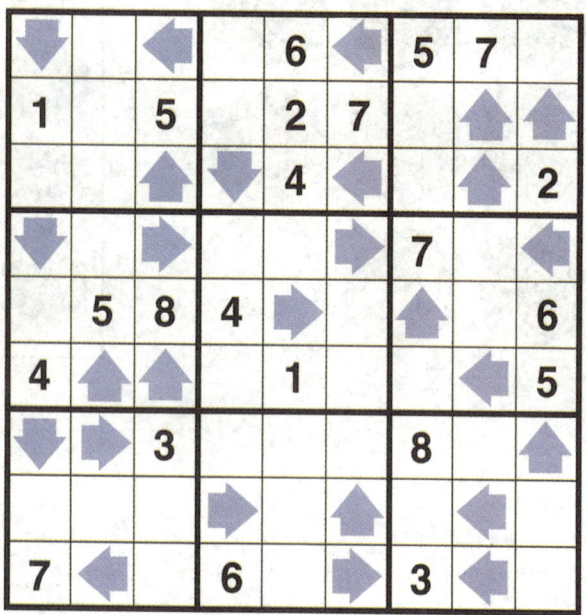

答案参见第170页。

# 数字山

用数字代替所有的问号,使左右相邻的两个方块中的数字之和等于它们上方方块中的数字。

答案参见第171页。

# 数字块

将下列方阵分割成大小、形状皆相同的四个图形,使每个图形内的数字之和等于50。

| 8 | 9 | 8 | 7 | 6 | 4 |
|---|---|---|---|---|---|
| 9 | 3 | 6 | 1 | 5 | 7 |
| 7 | 1 | 9 | 4 | 7 | 3 |
| 9 | 2 | 9 | 5 | 6 | 3 |
| 2 | 1 | 2 | 9 | 9 | 3 |
| 5 | 5 | 5 | 5 | 9 | 7 |

答案参见第171页。

# 平面图

下列选项中有三张都是上方立体图的平面图。请找出与立体图不相符的三张。

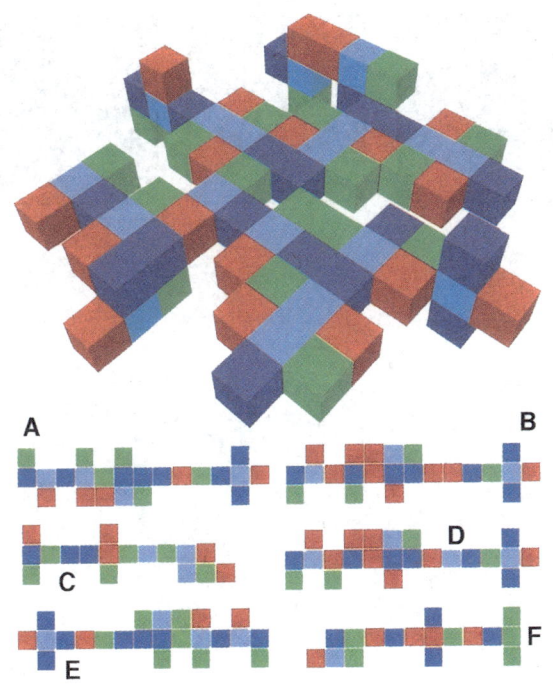

答案参见第171页。

# 红边角

找出四个红色边角与中间数字的关系。第三个方框中的问号应该是什么数字?

答案参见第171页。

# 破译保险箱密码

要打开保险箱，所有的按钮都必须按照正确的顺序来按，最后再按"打开"按钮。如果由你来按的话，你会首先按哪个按钮呢？

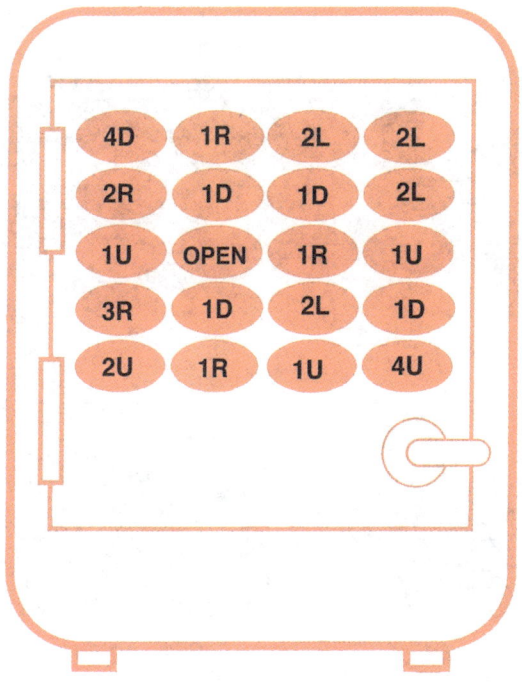

U=上　D=下　L=左　R=右
答案参见第171页。

# 找布景

以下四个小方格中的图片都可以在上方的网格图中找到——你能把它们找出来吗?小心哦,小方格的方向不一定和主图一致。

答案参见第171页。

# 矩阵

下面图形组合的空白处应嵌入右侧线框中的哪个图形?

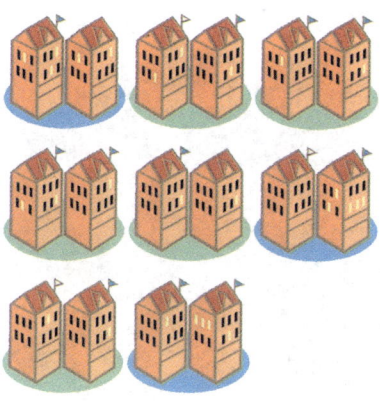 

答案参见第171页。

# 找出不同

下面哪个图形与其他的图形都不相同?

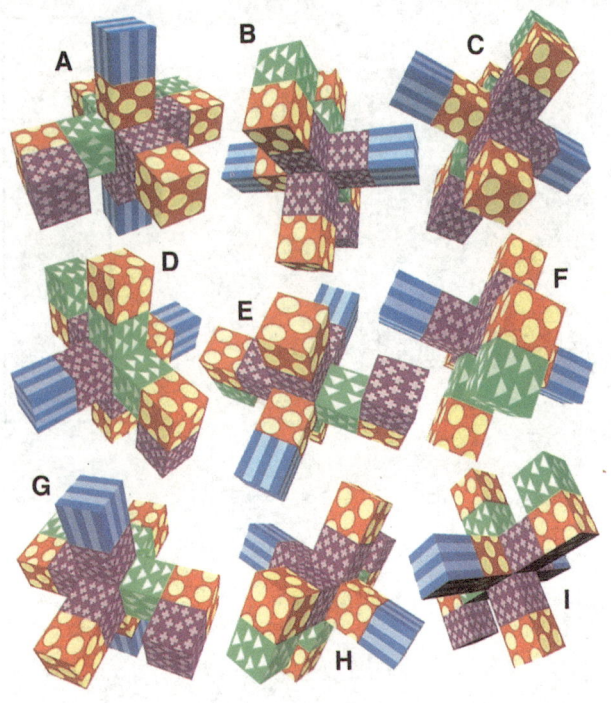

答案参见第171页。

# 图案配对

下面只有一块瓷砖的图案是唯一的,其他十四幅图案都可以互相配对。你能找出那个成单的吗?

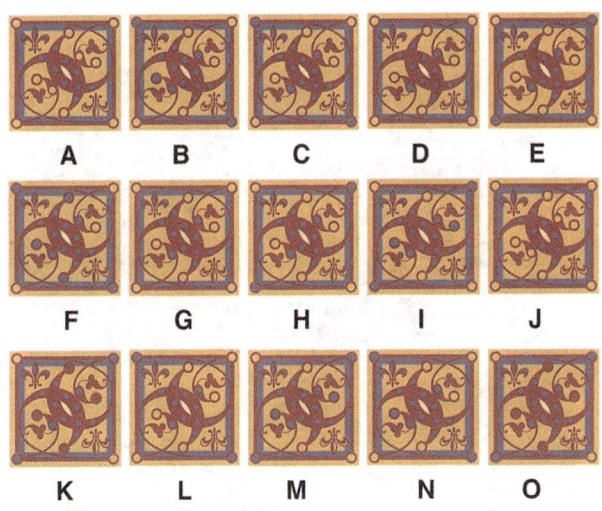

答案参见第171页。

# 价格之谜

你为学校的游园会购买奖品,预算为100英镑,正好全部花完。如果你总共买了十八件奖品,其中六只为玩具熊,那你买了多少只洋娃娃?

熊 4.88
洋娃娃 3.65
火车 5.97
汽车 12.47

答案参见第172页。

# 旋转

齿轮A有十六个嵌齿，齿轮B有八个，齿轮C有九个，齿轮D有十个，齿轮E有十八个。齿轮A需要旋转多少圈，才能使所有的齿轮正好都处在原来的位置？

答案参见第172页。

# 维恩图

你能在下列图表中找出有多少头大象长着长尾巴、大耳朵、长牙,并且喜欢吃花生,或者有长尾巴、小耳朵、长牙,但是不喜欢吃花生的?

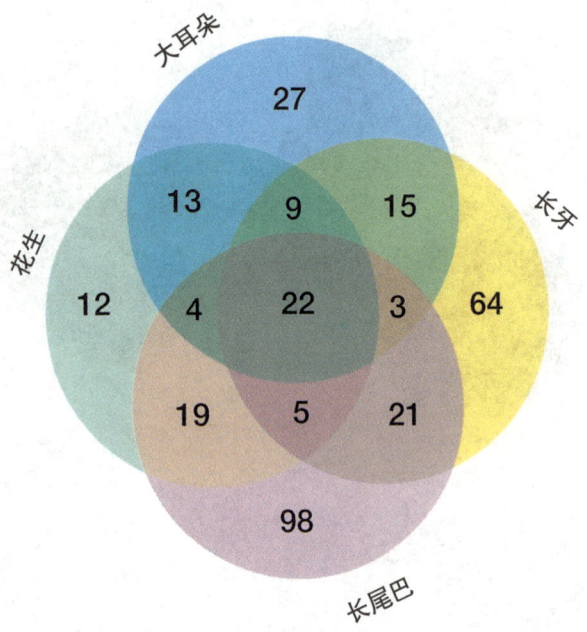

答案参见第172页。

# 对称

下图待完成后,是沿着中间的竖线两边对称的。请给需要的方格上色,然后辨识图形。

答案参见第172页。

# 色板转换

我们的色板有一块失踪了!你能推算出四个颜色的顺序完成下面的组合吗?

答案参见第172页。

# 数独

完成下列方阵，使所有的行、列以及每个粗线框标识的正方形都包含数字1、2、3、4、5、6、7、8、9。

|   |   |   | 6 |   |   |   | 2 |   |
|---|---|---|---|---|---|---|---|---|
|   | 2 |   |   |   |   | 6 |   |   |
| 8 | 9 |   | 4 |   | 3 | 1 |   | 7 |
|   | 4 | 1 |   |   |   | 5 |   |   |
|   |   |   |   |   |   | 8 |   | 1 |
|   | 7 | 8 | 5 |   | 6 |   |   |   |
|   |   | 2 |   | 4 |   |   |   | 5 |
| 1 | 3 |   |   | 5 | 2 | 9 | 8 | 6 |
| 9 |   |   |   |   | 1 | 3 |   |   |

答案参见第172页。

# 零件

以下所有图片上的结构都是由三个如右图所示的零件拼装而成,只有一个例外!你能找出那个假冒的吗?

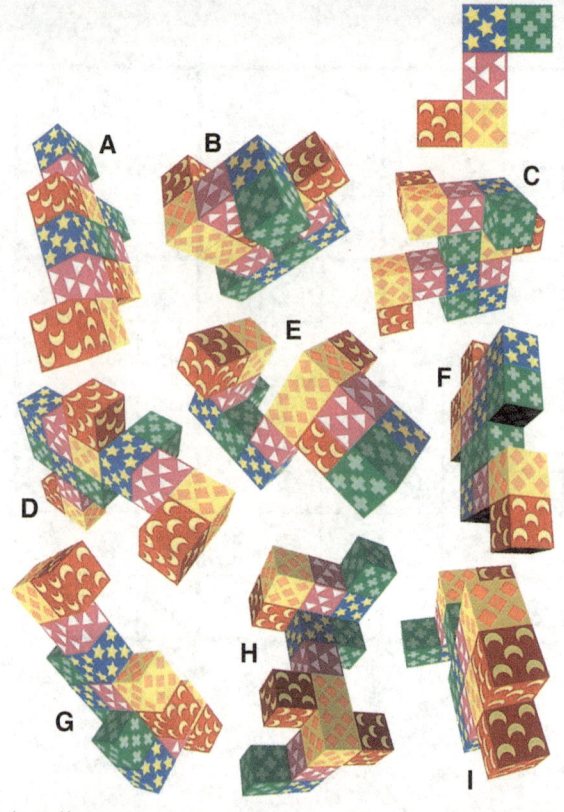

答案参见第172页。

# 剪影

下面哪一幅彩色图片与第一幅剪影相符?

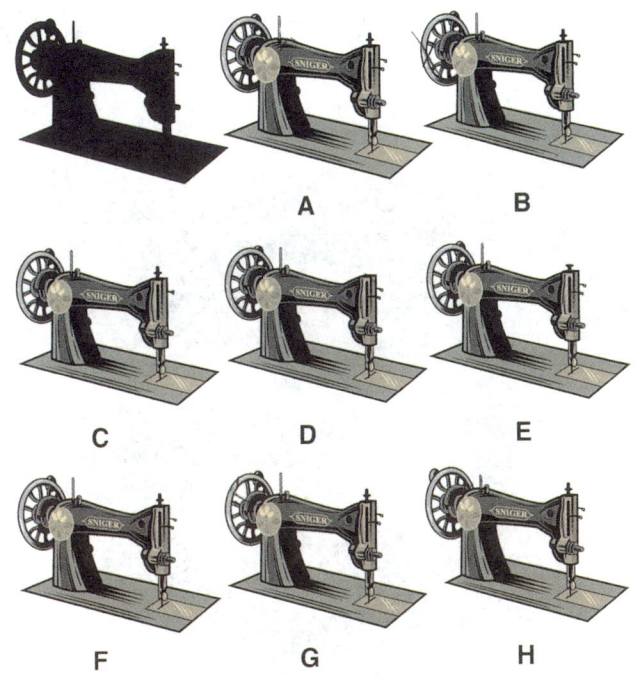

答案参见第172页。

# 轮盘赌

轮盘的球落在"0"格内。假使小球按照顺时针方向以3米/秒的平均速度运行20秒后落到一个数字格,而同时轮盘以2米/秒的平均速度往反方向转动。小球滚动的地方距轮盘中央50厘米。请问最终小球会落在哪里?圆周率(π)按照3.2来计算。

答案参见第172页。

# 猜谜

十个巧克力机器做出来的巧克力糖每粒重10克。一天，有一台机器坏了，做出来的巧克力糖每粒只有9.5克。如果你从每台机器上取一粒巧克力糖称重，就可以找出坏了的机器。但是还有一个办法可以更为迅速地发现哪台机器坏了，你知道是什么方法吗？

答案参见第173页。

# 迷你点阵图

下图每行、每列中的数字代表了黑色小方格以及相邻的黑色方格组合。给所有的黑色方格上色后,将会出现一幅图。

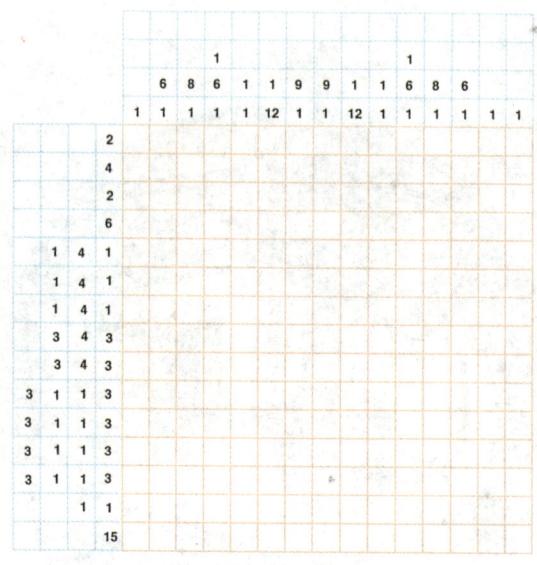

答案参见第173页。

# 矩阵

下面图形组合的空白处应嵌入右侧线框中的哪个图形?

答案参见第173页。

# 骰子之谜

下列骰子中哪个与另外三个不同?

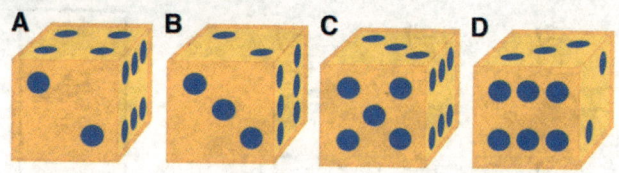

答案参见第173页。

# 下一个!

按照逻辑顺序,A、B、C、D哪个选项可以替代问号?

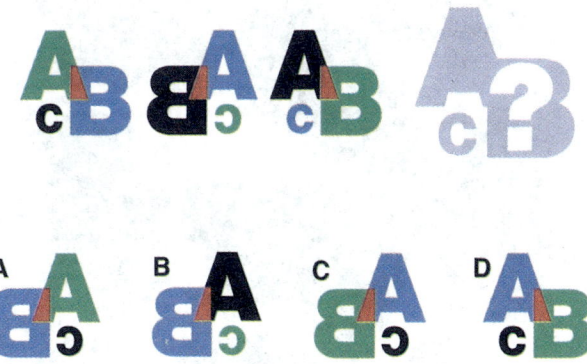

答案参见第174页。

# 配对

下列图形中只有两个完全一样。你可以找出来吗?

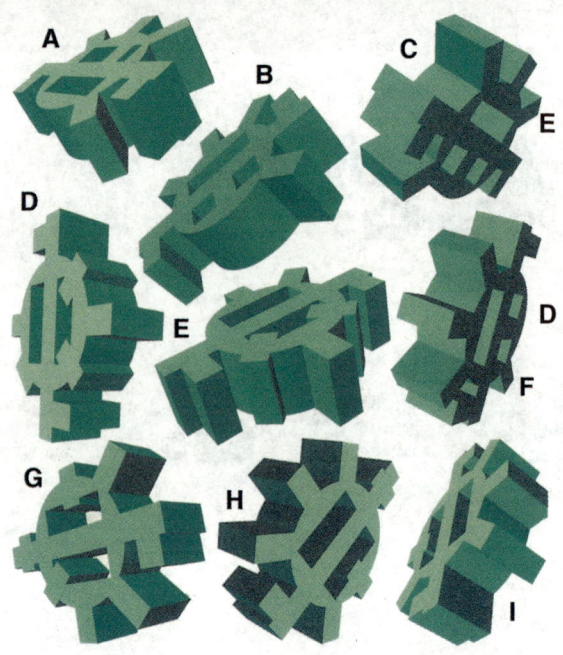

答案参见第174页。

# 比大小

下面的箭头表示了相邻两个方格内的数字之间的大小关系。请在空格内填上恰当的数字,使所有的行、列都包含数字1到6。

答案参见第174页。

# 环路连接

用横线或竖线连接相邻的两点，然后按照提示画一根连续的线，最后形成一个回路，并且不和自己相交。格子内的数字代表你所画的线经过该格的边数。并不是所有的方格都有数字提示。

| 2 |   | 2 | 0 |   | 2 |   | 2 |
|---|---|---|---|---|---|---|---|
| 3 | 0 | 3 |   | 3 | 0 | 1 | 3 |
| 3 |   |   | 1 | 3 | 2 | 3 | 2 |
|   | 1 | 2 | 2 |   | 1 |   | 2 |
| 2 |   |   |   | 1 |   | 3 |   |
| 2 | 2 | 3 | 2 | 2 | 3 |   | 1 |
|   |   | 3 |   | 1 |   | 3 |   |
| 2 |   | 2 | 2 | 2 | 3 | 2 | 2 |

答案参见第174页。

# 逻辑顺序

下列小球的顺序被打乱了。你能根据给出的提示排列出正确的顺序吗?

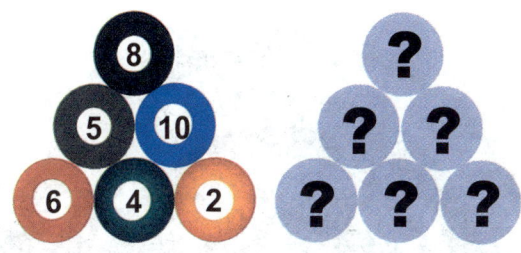

10号球在4号球下面。
底层的球号数相加等于19。
5号球只与2号和6号球接触。
6号球恰好在5号球的左边。

答案参见第174页。

# 定位

下面这幅变形图原是一座世界闻名的标志性建筑。你知道它是哪里吗?

答案参见第174页。

# 马的行动

在下面的国际象棋棋盘上找出一个空格,使其中的马可以一步走入蓝色圆圈,或红色圆圈或黄色圆圈。马的移动路线呈L形——向上或向下或向左或向右两格,然后往左或往右或往上或往下一格。

答案参见第174页。

# 五角星

信不信由你,以下这些星星中,没有两颗是完全一样的。它们每一个都代表了五种颜色的一种排列组合——但是缺了一种。你能找出缺失的星星的颜色组合吗?

答案参见第174页。

# 数独

完成下列方阵，使所有的行、列以及所有粗线框标识的3x3正方形中仅出现一次数字1、2、3、4、5、6、7、8、9。

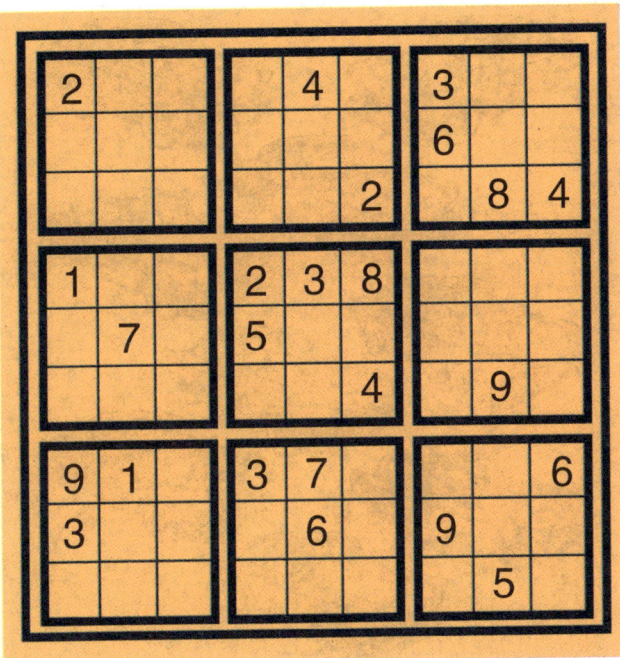

答案参见第175页。

# 镜面成像

以下图片中只有一幅是第一幅图在镜子中准确的成像。你能找出来吗?

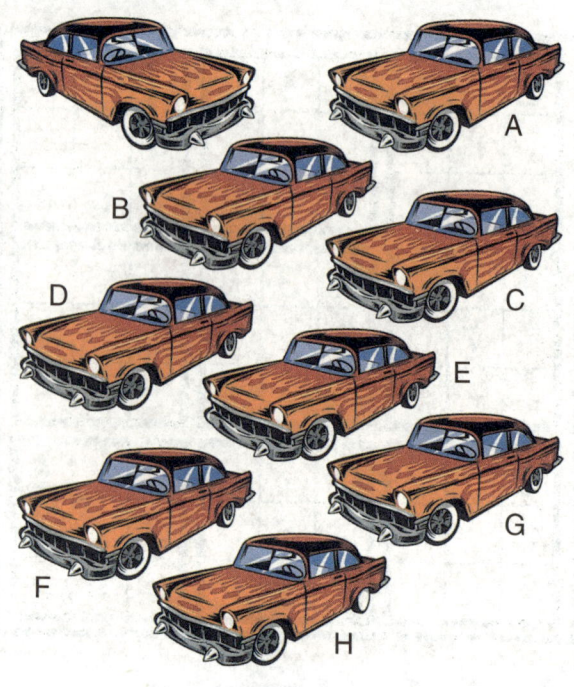

答案参见第175页。

# 答案

**第6页**
答案：B和H是完全一样的。

**第7页**
解答：如果相邻的正方形为三种不同颜色，则该正方形变成黄色；如果相邻的正方形只有两种颜色，则该正方形变成黑色的；如果相邻的正方形只有一种颜色，则该正方形变成绿色。

**第8页**

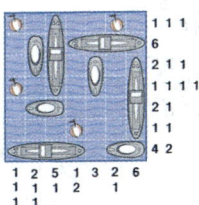

**第9页**

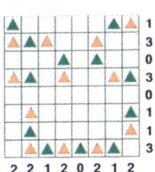

**第10页**

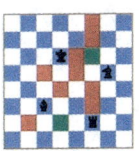

**第11页**
答案：蓝色 = 左，红色 = 右，绿色 = 下，黄色 = 上，紫色 = 右上，棕色 = 右下，粉色 = 左上，黑色 = 左下。最后经过的骰子应该是第二列从上往下第二个棕4。

**第12页**

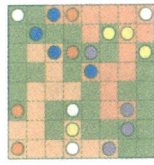

**第13页**

| 2 | 1 | 6 | 3 | 4 | 5 |
|---|---|---|---|---|---|
| 4 | 3 | 5 | 1 | 2 | 6 |
| 6 | 4 | 3 | 5 | 1 | 2 |
| 5 | 2 | 4 | 6 | 3 | 1 |
| 1 | 6 | 2 | 4 | 5 | 3 |
| 3 | 5 | 1 | 2 | 6 | 4 |

157

# 答案

**第14页**
答案：莫斯科圣巴西尔大教堂。

**第15页**

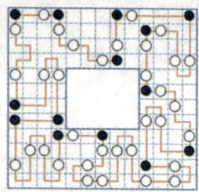

**第16页**

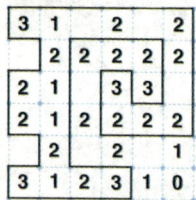

**第17页**

**第18页**
答案：D。

**第19页**
答案：A、D、F与立体图不相符。

**第20页**
答案：5枚戒指，4根项链，3对耳环以及2块手表。
46 915 + 117 808 + 38 025 + 47 252 = 250 000

**第21页**
答案：32。将对角的两个数字相减，然后将所得的两个数字相乘。
9 − 1 = 8, 7 − 3 = 4, 4 × 8 = 32

**第22页**

**第23页**

| 1 | 7 | 9 | 2 | 8 | 6 | 5 | 4 | 3 |
|---|---|---|---|---|---|---|---|---|
| 2 | 5 | 6 | 9 | 3 | 4 | 8 | 7 | 1 |
| 4 | 8 | 3 | 1 | 5 | 7 | 2 | 9 | 6 |
| 7 | 2 | 5 | 3 | 6 | 9 | 4 | 1 | 8 |
| 9 | 6 | 8 | 4 | 2 | 1 | 3 | 5 | 7 |
| 3 | 4 | 1 | 5 | 7 | 8 | 9 | 6 | 2 |
| 6 | 9 | 7 | 8 | 4 | 2 | 1 | 3 | 5 |
| 5 | 1 | 2 | 7 | 9 | 3 | 6 | 8 | 4 |
| 8 | 3 | 4 | 6 | 1 | 5 | 7 | 2 | 9 |

# 答案

**第24页**

**第25页**
答案：B和G是完全一样的。

**第26页**
答案：344 + 434 + 1 443 = 2 221。

**第27页**
解答：22。

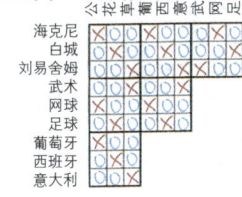

**第28页**

由图中"x"可知，武术比赛在刘易舍姆的草地进行，意大利获胜；网球比赛在海克尼的公园进行，葡萄牙获胜；足球比赛在白城的花园进行，西班牙获胜。

**第29页**
答案：B。

**第30页**
答案：I8；G12；N1；F4。

**第31页**
答案：如果相邻的六边形中蓝色占多数，则该六边形变成蓝色；如果相邻的六边形中绿色占多数，则该六边形变成绿色的；如果相邻的六边形中不同颜色数量相等，则该六边形变色。

**第32页**
答案：埃及艳后克丽奥佩特拉

**第33页**

# 答案

### 第34页

### 第35页

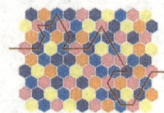

### 第36页

答案：紫色=左，橙色=右，棕色=下，绿色=上，蓝色=右上，黄色=右下，灰色=左上，粉色=左下。最后经过的骰子应该是第二列最后一个灰4。

### 第37页

答案：每个五边形内的数字总和为25，且相邻的两个五边形相对的两条边相差2。

### 第38页

答案：黑色的X。两个不同的字母后面跟一个黑色的字母；两个相同颜色的字母后面跟一个X。

### 第39页

| 5 | 1 | 2 | 4 | 6 | 3 |
|---|---|---|---|---|---|
| 6 | 3 | 4 | 1 | 2 | 5 |
| 4 | 2 | 6 | 3 | 5 | 1 |
| 3 | 5 | 1 | 6 | 4 | 2 |
| 2 | 6 | 3 | 5 | 1 | 4 |
| 1 | 4 | 5 | 2 | 3 | 6 |

### 第40页

| G | B | H | F | A | E | C | D |
|---|---|---|---|---|---|---|---|
| B | A | D | E | C | F | G | H |
| A | C | H | A | B | F | G | D | E |
| C | H | A | B | F | G | D | E |
| E | F | G | A | B | D | H | C |
| F | D | C | H | E | A | B | G |
| H | E | B | D | G | C | A | F |
| D | G | E | C | H | B | F | A |

### 第41页

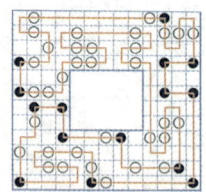

# 答案

**第42页**

**第43页**
答案：I与其他图形都不同。

**第44页**

**第45页**
答案：G。

**第46页**
答案：B。

**第47页**
答案：三块。20－4.95（一壶茶）=15.05
账单上其他的消费为5个甜甜圈（4.40），4个杯型蛋糕（4.68），2块巧克力蛋糕（2.52），3块奶油夹心饼（3.45）。

**第48页**
答案：2英里。毕达哥拉斯定理告诉我们直角三角形斜边边长的平方等于两条直角边边长的平方和。
皮特向东和向北经过的路程相当于三角形的两条直角边，它们的平方和等于3×3+4×4，即25。因此镇子和农场的直线距离即为5英里（25的平方根）。他开车的距离为7英里，因此他可以少开2英里的路程。

**第49页**
答案：在"0"格内。小球以5米/秒（相对于轮盘）的速度运行16秒，在顺时针方向运行的总距离即为8 000厘米。轮盘周长为320厘米（2×π×半径<50厘米>）。这样小球在轮盘上应该正好转过25圈（8 000÷320=25），回到开始的"0"格内。

**第50页**
答案：N2，E4，F9，M14。

# 答案

**第51页**
答案：4 004。数字代表它们所在图形的边数。当图形重叠时，将数字相加。
A: 6 + 4 + 4 = 14
B: 10 + 4 + 4 + 4 = 22
C: 5 + 4 + 4 = 13
14 x 22 x 13 = 4 004

**第52页**

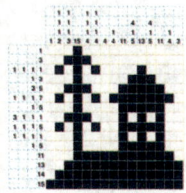

**第53页**

| 1 | 7 | 3 | 2 | 8 | 5 | 9 | 6 | 4 |
|---|---|---|---|---|---|---|---|---|
| 5 | 9 | 8 | 1 | 4 | 6 | 2 | 7 | 3 |
| 2 | 4 | 6 | 3 | 7 | 9 | 1 | 5 | 8 |
| 4 | 1 | 5 | 9 | 6 | 8 | 3 | 2 | 7 |
| 6 | 2 | 7 | 4 | 1 | 3 | 8 | 9 | 5 |
| 8 | 3 | 9 | 5 | 2 | 7 | 4 | 1 | 6 |
| 3 | 8 | 9 | 5 | 2 | 7 | 4 | 1 | 6 |
| 7 | 6 | 1 | 8 | 5 | 4 | 9 | 3 | 2 |
| 3 | 5 | 2 | 7 | 9 | 1 | 6 | 4 | 3 |
| 9 | 5 | 4 | 6 | 3 | 2 | 8 | 1 | 9 |

**第54页**
由图中"x"可知，泰克斯名为德鲁斯，骑"日落"前往道奇；转轮枪名叫麦克吉，骑"子弹"，前往里诺；豪斯名叫威廉姆斯，骑"布兰科"前往芝加哥。

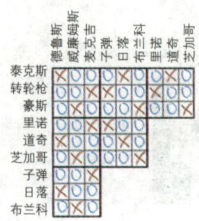

**第55页**
答案：234+444+1 443=2 121。

**第56页**
答案：16。将四个边角中最大的数字减去最小的数字，将另外两个数字也相减，然后将所得的两个数字相乘。
9－1=8, 8－6=2, 8x2=16。

**第57页**
答案：F。

**第58页**
答案：1. 8个。2. 橙色。3. 4个。4. C鱼。5. B和D。

**第59页**

# 答案

**第60页**
答案：16个（分别有3个和13个）。

**第61页**
答案：M3，C14，E5，G9。

**第62页**
答案：C。

**第63页**
答案：B与其他图形都不同。

**第64页**
答案：如果相邻的小方格中（不包括对角线）绿色占多数，则该方格变成绿色；如果相邻的方格中粉色占多数，则该方格变成粉色；如果相邻的方格中不同颜色数量相等，则该方格变成蓝色；如果现在相邻的方格中蓝色变成占多数的，则该方格也变为蓝色。

**第65页**

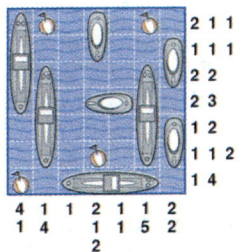

**第66页**
答案：纽约。

**第67页**

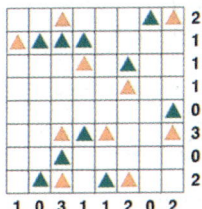

**第68页**

# 答案

**第69页**
答案：1 232立方厘米。
每个小方块的体积为2厘米×2厘米×2厘米，即8立方厘米，剩下的方块总共有154个。
8×154 = 1 232。

**第70页**
答案：27。将顶端和侧面的数字相加，然后乘以正面的数字。

**第71页**

| 6 | 1 | 4 | 2 | 3 | 5 |
|---|---|---|---|---|---|
| 5 | 3 | 1 | 6 | 4 | 2 |
| 4 | 2 | 6 | 3 | 5 | 1 |
| 3 | 4 | 2 | 5 | 1 | 6 |
| 1 | 6 | 5 | 4 | 2 | 3 |
| 2 | 5 | 3 | 1 | 6 | 4 |

**第72页**

| 1 | 7 | 3 | 2 | 8 | 5 | 6 | 4 | 9 |
|---|---|---|---|---|---|---|---|---|
| 5 | 9 | 8 | 1 | 4 | 6 | 2 | 7 | 3 |
| 2 | 4 | 6 | 3 | 7 | 9 | 1 | 5 | 8 |
| 4 | 3 | 1 | 9 | 6 | 8 | 3 | 2 | 7 |
| 6 | 2 | 7 | 4 | 1 | 3 | 8 | 9 | 5 |
| 3 | 8 | 9 | 5 | 2 | 7 | 4 | 1 | 6 |
| 7 | 6 | 1 | 8 | 3 | 4 | 9 | 3 | 2 |
| 8 | 3 | 2 | 7 | 9 | 1 | 5 | 6 | 4 |
| 9 | 5 | 4 | 6 | 3 | 2 | 7 | 8 | 1 |

**第73页**
答案：中国长城。

**第74页**

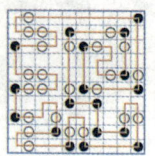

**第75页**
答案：每个横向和纵向都由三片叶子组成，其中一片指向左上方，两片指向右上方；每个横向和纵向都有两张图片中的瓢虫朝向相反，一张图片中瓢虫朝向相同；每个横向和纵向中所有的瓢虫身上的圆点总共有45个。

**第76页**
解答：42。

 5
 11
7
13

**第77页**

# 答案

**第78页**
答案：紫色＝3，蓝色＝4，红色＝5，绿色＝6，黄色＝7。总共需要2只红球。

**第79页**

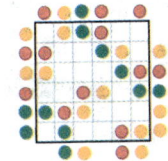

**第80页**
答案：1. 黄色。
2. 8。 3. 大。
4. 2。 5. 绿色。

**第81页**
答案：H。

**第82页**

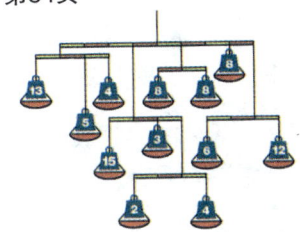

由图中的"×"可知：杰夫·霍普金斯绰号"幸运儿"，奖金1000美元；比尔·赛尔斯绰号"终结者"，奖金500美元；托尼·斯塔伯克绰号"钻石"，奖金2000美元。

**第83页**
答案：E16，I4，O11，C10。

**第84页**

**第85页**
答案：帕皮。如果其他任何一个人的话是真的，那么帕皮的话一定也是真的。而题目明确指出只有一个人的话是真的，因此帕皮的话一定是假的，是她吃了匹萨。

**第86页**
答案：米格尔·德·塞万提斯。

**第87页**

# 答案

第88页

第89页

第90页

第91页

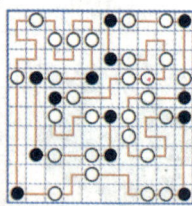

第92页

第93页
答案：K。

第94页

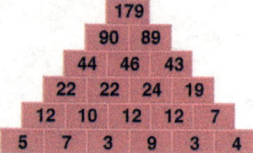

第95页

| 7 | 1 | 3 | 6 | 9 | 5 | 4 | 2 | 8 |
|---|---|---|---|---|---|---|---|---|
| 4 | 2 | 5 | 1 | 7 | 8 | 6 | 3 | 9 |
| 8 | 9 | 6 | 4 | 2 | 3 | 1 | 5 | 7 |
| 2 | 4 | 1 | 9 | 8 | 7 | 5 | 6 | 3 |
| 5 | 6 | 9 | 2 | 3 | 4 | 8 | 7 | 1 |
| 3 | 7 | 8 | 5 | 1 | 6 | 2 | 9 | 4 |
| 6 | 8 | 2 | 3 | 4 | 9 | 7 | 1 | 5 |
| 1 | 3 | 4 | 7 | 5 | 2 | 9 | 8 | 6 |
| 9 | 5 | 7 | 8 | 6 | 1 | 3 | 4 | 2 |

# 答案

## 第96页

## 第97页

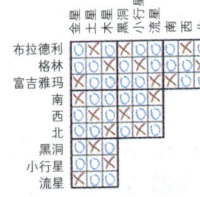

由图中"x"可知,布拉德利研究西方的黑洞,靠近土星;格林研究北方的小行星,靠近木星;富吉雅玛研究南方的流星,靠近金星。

## 第98页

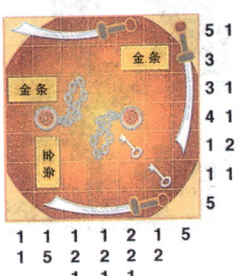

## 第99页

答案:

1. v。
2. 粉色。
3. 是的,都不相同。
4. 没有。
5. h。

## 第100页

答案:奥古斯特·雷诺阿。

## 第101页

## 第102页

答案:4 347立方厘米。
每个小方块的体积为3厘米×3厘米×3厘米,即27立方厘米,剩下的方块总共有161个。161×27=4 347。

# 答案

**第103页**

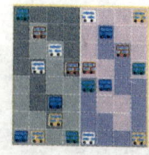

**第104页**

**第105页**

答案：F与原图不符合。

**第106页**

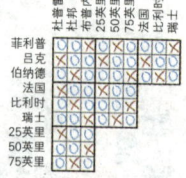

由图中"×"可知：菲利普·布鲁内飞行了50英里，在瑞士着陆；吕克·杜普雷飞行了25英里，在法国着陆；伯纳德·杜邦飞行了75英里，在比利时着陆。

**第107页**

**第108页**

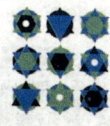

答案：每个横向和纵向都包含蓝色、绿色、黑色的圆形各一个；每行包含一个蓝色、一个绿色、一个黑色的六边形；每行包含一个蓝色、一个绿色和一个黑色的正三角形；每行包含两个蓝色的倒三角形和一个绿色的倒三角形；最后每行都有一个白点。缺失的图片应该有一个黑色的圆形，一个黑色的六边形、两个蓝色的三角形，且没有白色圆点。

**第109页**

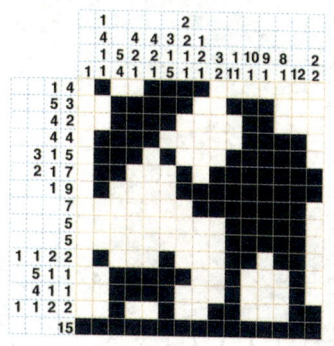

# 答案

### 第110页

| 4 | 2 | 3 | 1 | 5 |
|---|---|---|---|---|
| 1 | 3 | 5 | 2 | 4 |
| 2 | 4 | 1 | 5 | 3 |
| 3 | 5 | 2 | 4 | 1 |
| 5 | 1 | 4 | 3 | 2 |

### 第111页

### 第112页
答案：L。

### 第113页

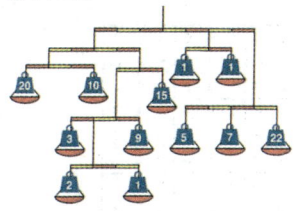

### 第114页
答案：C。
统计每个图形的边数。当图形重叠时，将对应的数字相乘。
(A) $4 \times 4 \times 6 \times 10 = 960$
(B) $1 \times 3 \times 4 \times 5 = 60$
$960 \div 60 = 16$，即与C相等。

### 第115页
答案：$123 + 451 + 4\,541 = 5\,115$。

### 第116页

### 第117页
答案：4。

### 第118页

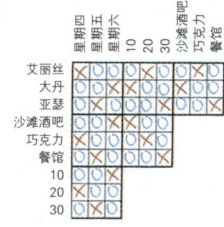

由图中"x"可知：艾丽丝是做巧克力的，她的20个椰子需要星期四交货；大丹是沙滩酒吧的，他的10个椰子需要星期六交货；亚瑟是餐馆的，他的30个椰子需要星期五交货。

# 答案

### 第119页

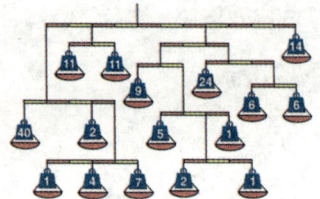

### 第120页

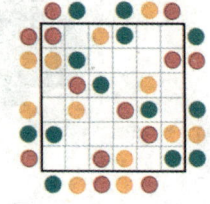

### 第121页
答案：A。

### 第122页

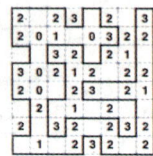

### 第123页
答案：每个横向和纵向都有一个立方体是颠倒的；每个横向和纵向都有一个立方体，其蓝色占多数的那面中央为一个绿色方格，另外两个立方体中蓝色那面的中央皆为红色方格；每行都有一个立方体蓝色那面顶端左边两个方格为白色，同时红色那面中间最上端的方格为绿色，而另外两个立方体则刚好颜色相反；每行都有一个立方体有一面的右下角为一个蓝色方格。缺失的立方体应该是正放的，蓝色那面中央为绿色方格，且左上方有两个绿色方格，红色那面中间最上端是一个白色方格，而且红色那面没有蓝色方格。

### 第124页

| 9 | 2 | 4 | 1 | 6 | 8 | 5 | 7 | 3 |
|---|---|---|---|---|---|---|---|---|
| 1 | 3 | 5 | 9 | 2 | 7 | 6 | 8 | 4 |
| 8 | 6 | 7 | 3 | 4 | 5 | 1 | 9 | 2 |
| 3 | 1 | 6 | 2 | 5 | 9 | 7 | 4 | 8 |
| 2 | 5 | 8 | 4 | 7 | 3 | 9 | 1 | 6 |
| 4 | 7 | 9 | 8 | 1 | 6 | 2 | 3 | 5 |
| 6 | 4 | 3 | 5 | 9 | 1 | 8 | 2 | 7 |
| 5 | 8 | 1 | 7 | 3 | 2 | 4 | 6 | 9 |
| 7 | 9 | 2 | 6 | 8 | 4 | 3 | 5 | 1 |

# 答案

第125页

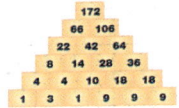

第126页

第127页

答案：C、D、E与立体图不符。

第128页

答案：68。将左边两个边角相加，右边两个边角相乘，然后将右边所得的值减去左边所得的值。
3 + 1 = 4，8 × 9 = 72
72 - 4 = 68

第129页

第130页

答案：L2，I13，A16，E8。

第131页

答案：每个横向和纵向的三幅图片中，分别有一面蓝色旗子、两面蓝色旗子，以及一面白色和一面蓝色旗子；每行都有一幅图片的地面是蓝色的，而另外两幅都是绿色的；每行三幅图片中亮灯的窗户总数都为10。缺失的图片应该只有一面蓝色旗子、绿色地面以及三扇亮灯的窗户。

第132页

答案：F与其他图形都不同。

第133页

答案：F。

# 答案

### 第134页
答案：同样是6只。
6只熊（29.28）+2辆汽车（24.94）+4辆火车（23.88）+6只洋娃娃（21.90）=100英镑。

### 第135页
答案：齿轮A旋转45圈，这时齿轮B正好旋转90圈，齿轮C旋转80圈，齿轮D旋转72圈，齿轮E旋转40圈。

### 第136页
答案：43头（22头和21头）。

### 第137页

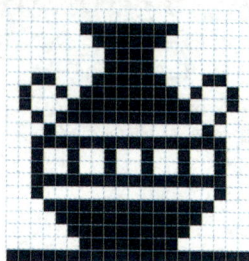

### 第138页

### 第139页

| 7 | 1 | 3 | 6 | 9 | 5 | 4 | 2 | 8 |
|---|---|---|---|---|---|---|---|---|
| 4 | 2 | 5 | 1 | 7 | 8 | 6 | 3 | 9 |
| 8 | 9 | 6 | 4 | 2 | 3 | 1 | 5 | 7 |
| 2 | 4 | 1 | 9 | 8 | 7 | 5 | 6 | 3 |
| 5 | 6 | 9 | 2 | 3 | 4 | 8 | 7 | 1 |
| 3 | 7 | 8 | 5 | 1 | 6 | 2 | 9 | 4 |
| 6 | 8 | 2 | 3 | 4 | 9 | 7 | 1 | 5 |
| 1 | 3 | 4 | 7 | 5 | 2 | 9 | 8 | 6 |
| 9 | 5 | 7 | 8 | 6 | 1 | 3 | 4 | 2 |

### 第140页
答案：G。

### 第141页
答案：F。

### 第142页
答案：在数字"9"格内。小球以5米/秒（相对于轮盘）的速度运行20秒，在顺时针方向运行的总距离即为10 000厘米。轮盘周长为320厘米（$2 \times \pi \times$ 半径 $<$ 50厘米$>$）。这样小球在轮盘上应该正好转过31.25圈（$10\,000 \div 320 = 31.25$），落在距"0"格顺时针方向1/4个圆的地方，即数字9格内。

# 答案

### 第143页
答案：从第一台机器上取一粒巧克力糖，第二台机器上取两粒，第三台机器上取三粒，依次类推，然后将所有的糖都放在天平秤上称。总共55粒糖应该重550克。如果称出来的重量为549.5克，则应该是第一台机器坏了；如果是549克，则应该是第二台机器坏了；如果是548.5克，则应该是第三台机器坏了，依次类推。

### 第144页

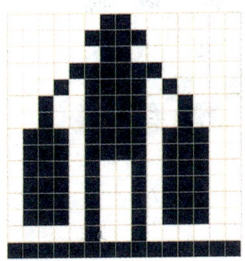

### 第145页
答案：每个横向和纵向的三张图片中，一张图片上的短裤为蓝色，两张为红色；每行都有一张图上的冲浪板为黄色，另两张为绿色；每行

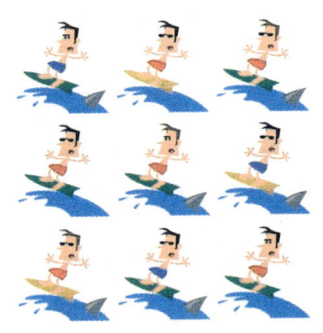

都有两张图上有太阳眼镜，一张没有；每行都有两张图片上有鲨鱼，一张没有；每行都有一张图片的浪花下有一滴水，另两张图上有两滴。缺失的图片应该有红色短裤、绿色冲浪板、不戴太阳眼镜、没有鲨鱼，并且浪花下有两滴水。

### 第146页
答案：D。右侧面的2应该旋转90度。

# 答案

## 第147页
答案：A。每张新图片中，A的颜色为前一张图片中B的颜色，而B采用了前面图片中C的颜色，C采用了前面图片中A的颜色，而且后面一张图片即是前面一张图片的翻转，效果如同镜子成像。

## 第148页
答案：B和F是完全一样的。

## 第149页

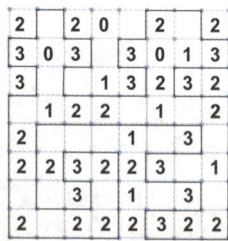

## 第150页

## 第151页

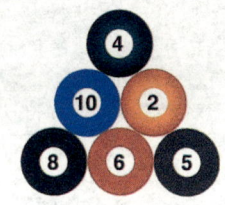

## 第152页
答案：白宫。

## 第153页

## 第154页

# 答案

第155页

| 2 | 8 | 9 | 6 | 4 | 7 | 3 | 1 | 5 |
|---|---|---|---|---|---|---|---|---|
| 4 | 5 | 7 | 1 | 8 | 3 | 6 | 2 | 9 |
| 6 | 3 | 1 | 9 | 5 | 2 | 7 | 8 | 4 |
| 1 | 9 | 4 | 2 | 3 | 8 | 5 | 6 | 7 |
| 8 | 7 | 2 | 5 | 9 | 6 | 4 | 3 | 1 |
| 5 | 6 | 3 | 7 | 1 | 4 | 8 | 9 | 2 |
| 9 | 1 | 8 | 3 | 7 | 5 | 2 | 4 | 6 |
| 3 | 2 | 4 | 4 | 6 | 1 | 9 | 7 | 8 |
| 7 | 4 | 6 | 8 | 2 | 9 | 1 | 5 | 3 |

第156页
答案:C。

# 你的游戏笔记